© 2025 Sebastián Sann. Wszelkie prawa zastrzeżone.
Żadna część niniejszej publikacji nie może być reprodukowana, przechowywana ani przekazywana w jakiejkolwiek formie ani za pomocą jakichkolwiek środków — elektronicznych, mechanicznych, fotokopii, nagrań, skanów lub innych — bez uprzedniej pisemnej zgody autora, z wyjątkiem krótkich cytatów wykorzystanych do celów krytycznych, recenzji lub komentarzy, zgodnie z przepisami prawa.

Niniejsza książka jest chroniona międzynarodowymi prawami autorskimi. Treść, idee i wyrażenia zawarte w niniejszej publikacji należą wyłącznie do autora. Każde nieuprawnione wykorzystanie, częściowe lub całkowite powielanie lub rozpowszechnianie treści będzie traktowane jako naruszenie praw własności intelektualnej.

W sprawie specjalnych zezwoleń, współpracy, tłumaczeń lub licencji komercyjnych prosimy o kontakt pod adresem:
interno@conscienciadisruptiva.com

POZNAJ **JEDYNĄ** PRAWDĘ

SEBASTIAN SANN

Zastrzeżenie

Jedyna Prawda nie jest religią. Prawda jest doświadczeniem, które przez lata pozostawało pogrzebane pod warstwą strachu.

Prawda jest czymś, czego wszyscy możemy doświadczyć, gdy domagamy się jej jako naszego boskiego prawa. Dzięki tej książce wiele osób przypomniało sobie swoją moc.

Gloria in excelsis Deo.

*Dla tych, którzy nadal w nic nie wierzą,
ale czytają to.*

SPIS TREŚCI

SPIS TREŚCI 7
JAK CZYTAĆ TĘ KSIĄŻKĘ 11
WPROWADZENIE 15

ROZDZIAŁ 1
ZABAWIAJĄC SIĘ W MATRIXIE 19
    PRAWDZIWA PRAWDA 20
        PRZYSTANEK 1: NISZCZENIE OSOBOWOŚCI 22
        STOP 2: SZTUKA ODPUSZCZANIA 28
        STOP 3: TWORZENIE POSTACI 34
        STOP 4: JEDYNY CEL CZŁOWIEKA 41
        STOP 5: DZIAŁANIE BUDZI WIARĘ 74
        STOP 6: WYŻSZE ZASADY MANIFESTACJI 79
        STOP 7: PODNOSZENIE POZIOMU ŚWIADOMOŚCI ... 87
        STOP 8: NABYWANIE JEDYNEGO NIEZBĘDNEGO CELU ... 92
        STOP 9: ŻYCIE W CAŁKOWITEJ HARMONII 96

ROZDZIAŁ 2
ODKRYWANIE MATRIX 103

CZĘŚĆ 1: CZAS SIĘ OBUDZIĆ 105
KONTROLA LUDZKOŚCI 106
W TEN SPOSÓB „ONI" ZARABIAJĄ PIENIĄDZE 110
4 SPOSOBY WYBORU: STRACH LUB MIŁOŚĆ 113
NIEOGRANICZONE ISTOTY GRAJĄCE W
OGRANICZONE DOŚWIADCZENIE 116
CZŁOWIEK, KTÓRY WYLECZYŁ 16 PACJENTÓW Z RAKA ZA
POMOCĄ CZĘSTOTLIWOŚCI I WIBRACJI 119
TO NIE PIGUŁKA CIĘ LECZY, TO TWOJA PERCEPCJA 125
BIZNES UTRZYMYWANIA CIĘ W STANIE CHOROBY 131
CHOROBA JEST ILUZJĄ 137
ODBLOKOWANIE TWOJEJ WRODZONEJ
ZDOLNOŚCI DO LECZENIA 141

CZĘŚĆ 2: ZAPALANIE LAMPY W TAJEMNICY 145
NIEODPOWIEDZIALNE DOWODY NA TO,
KIM JESTEŚMY 146
PRZODKOWIE CAŁEJ LUDZKOŚCI 151
JUŻ TERAZ PRZEPISUJEMY HISTORIĘ 155
KOBIETA O WZROŚCIE PRAWIE 8 METRÓW 155
GIGANCI ŻYJĄ WŚRÓD NAS
(CENSUROWANE INFORMACJE) 157
ŻEGNAJ, TAJEMNICO UFO 159
NIE LUDZKA TECHNOLOGIA JEST LUSTREM
DLA ŚPIĄCEJ LUDZKOŚCI 160
TECHNOLOGIA ANTYGRAWITACYJNA 161
OBCY NA NAJGŁĘBSZYM JEZIORZE NA ZIEMI 166
WYRAŹNE ZDJĘCIA OSNIS WYŁANIAJĄCYCH SIĘ
Z WODY, KTÓRE ZOSTAŁY OCENZUROWANE 169
BÓG, BOSKOŚĆ I ISTOTY POZAZIEMSKIE SĄ
ZE SOBĄ POWIĄZANE 174
PRAWDA NIE JEST NA ZEWNĄTRZ 178

ROZDZIAŁ 3
PRZEKRACZANIE MATRIX 181
    ABSOLUTNA JEDNOŚĆ 182
    OGRANICZENIA NASZYCH ZMYSŁÓW 182
    PARADOKS RZECZYWISTOŚCI 183
    CZĘŚĆ ZAWIERA CAŁOŚĆ 184
    MUZYKA GWIAZD 185
    ODBLOKOWANIE NIESKOŃCZONEGO
    SPOSOBU MYŚLENIA 187
    WSPÓŁTWORZENIE DOŚWIADCZENIA 187
    TY NAPISAŁEŚ TĘ KSIĄŻKĘ 188
    WSZYSTKO, CO WIDZISZ, ZALEŻY OD CIEBIE 188
    NIE WIEDZIEĆ WSZYSTKIEGO TO PAMIĘTAĆ
    WSZYSTKO 189
    CIENIE RZECZYWISTOŚCI 190
    PRAWDA JEST JUŻ W TOBIE 194
    PRAWDA O BOGU 195
    NIC NIE JEST PRZYPADKOWE 195
    ŚWIAT ZOSTAŁ STWORZONY Z WIBRACJI 197
    KIM JEST BÓG I GDZIE JEST? 225
    ŚWIAT BOGA JEST JEDYNYM PRAWDZIWYM ŚWIATEM . 227
    JA JESTEM BOGIEM, TY JESTEŚ BOGIEM 228

OSTATECZNA PRAWDA 233
NIE JESTEŚMY ODDZIELENI 235
DROGA NIE KOŃCZY SIĘ TUTAJ 239
WIĘCEJ KSIĄŻEK AUTORA 241
MATERIAŁY UZUPEŁNIAJĄCE
DO TWOJEGO ROZWOJU 243

JAK CZYTAĆ TĘ KSIĄŻKĘ

Istnieją miliony książek, miliony form, miliony doświadczeń i miliony danych informacyjnych. Jednak nic z tego nie ma znaczenia, jeśli nie ma jasnego kontekstu, który wspierałby treść. Każde działanie bez określonego celu i intencji prowadzi tylko do zagubienia.

Czytanie tej książki nie jest czynnością nieświadomą ani przypadkową. Nie wystarczy ją tylko przejrzeć. Jeśli Twoje zaangażowanie przewyższa ciekawość i ego, powiem Ci dokładnie, jak ją czytać. Od tego momentu Twoje doświadczenie będzie zależało wyłącznie od Ciebie.

Poznaj jedyną prawdę składa się z trzech zasadniczych części, podzielonych na rozdziały i podrozdziały:

1. *Gra w Matrixie* (przebudzenie Jaźni i cel)

2. *Odkrywanie Matrixa* (rozpoznanie systemu i jego mechanizmów)

3. *Wykraczanie poza Matrix* (połączenie z wieczną Prawdą)

Kolejność nie powinna być zmieniana. Nie jest to książka do czytania od tyłu do przodu ani do przeskakiwania stron w losowy sposób. Poznanie prawdy jest procesem stopniowego odprogramowywania, który usuwa warstwa po warstwie to, co zakrywa twoją prawdziwą Istotę. Pominięcie jakiejś sekcji nie tylko przerwie ten proces, ale może go również zniekształcić.

Ponieważ jest to książka introspektywna, podczas jej czytania należy być w stanie introspekcji, aby dostroić się do zawartej w niej energii. Zalecam czytanie jej przy akompaniamencie muzyki o wysokiej częstotliwości. Kilka propozycji można znaleźć na YouTube lub Spotify:

- Muzyka celtycka
- Miski tybetańskie
- Handpan
- Muzyka z mantrami
- 300 Violines Orchestra
- Orkiestry ogólnie
- Częstotliwości Solfeggio
- Dźwięki Matki Ziemi
- Muzyka ceremonialna (ayahuasca, medycyna przodków)
- Muzyka chrześcijańska

Ponadto ustal sobie kluczową zasadę: **determinację i absolutne zaangażowanie w czas poświęcony na czytanie**. Wybierz konkretną ilość czasu i trzymaj się jej. Ani więcej, ani mniej. To wyćwiczy Twój umysł w skupieniu i odpowiedzialności.

Książki **„Poznaj jedyną prawdę"** nie da się przeczytać za jednym zamachem. Nie jest to książka, którą można przeczytać w jeden dzień. Noś ją ze sobą tak długo, jak potrzebujesz. Moja rada: poświęć co najmniej 30 dni na spokojną i refleksyjną lekturę, podkreślając, ponownie czytając i pozwalając, aby informacje do Ciebie dotarły.

Informacje zawarte w tej książce należy natychmiast dzielić się z innymi. Oznacza to, że po zakończeniu czytania przejdź do **trybu Dawania**. Tylko wtedy, gdy dzielimy się tym, czego się nauczyliśmy, poszerzamy to w s. Możesz to zrobić, nagrywając refleksyjny film, robiąc zdjęcie strony, która wywarła na Tobie wrażenie, i komentując ją lub wysyłając wiadomość do bliskiej osoby na temat tego, co przeczytałeś. Kanał nie ma znaczenia. Ważne jest działanie. Informacje, którymi się nie dzielimy, stagnują, a jak stojąca woda, gniją.

Książka ta jest również uzupełniona o **Przykazania**, praktyczną filozofię życia, która pomaga żyć zgodnie z prawdą każdego dnia. Dokument ten jest dostarczany oddzielnie i należy go stosować w następujący sposób:

- **Przed przeczytaniem książki.** Zapisz swoje przemyślenia na temat każdego przykazania.

- **Po przeczytaniu książki.** Ponownie zapisz swoje przemyślenia i porównaj je z początkowymi.

- **Każdego dnia.** Wybierz przykazanie, które odnosi się do Twojej obecnej sytuacji życiowej i ustaw przypomnienie w telefonie, aby czytać je co godzinę. Kontynuuj tę praktykę przez co najmniej 30 dni.

Rozpocznijmy naszą podróż do samopoznania.

ZESKANUJ I POBIERZ

PRZYKAZANIA PRAWDY

Kod odblokowujący zasób: **222**

(będzie potrzebny po utworzeniu konta)

WPROWADZENIE

Poszukiwanie prawdy wydaje się być naturalną skłonnością ludzi. Jednak jej odnalezienie jest przywilejem zarezerwowanym dla nielicznych. Kiedy kilka lat temu pisałem tę książkę, moim celem było zachęcenie czytelników, aby przestali szukać odpowiedzi wyłącznie w świecie zewnętrznym i zaczęli prowadzić spokojniejsze życie, w którym pokój i miłość rządziłyby ich sercami każdego dnia.

Poznaj jedyną prawdę zmieniała się wraz z moim życiem. W nowym wydaniu zmieniono kolejność, słowa, a przede wszystkim intencję. Wcześniej celem było przebudzenie świata. Dzisiaj, choć cel ten pozostaje niezmienny, zamierzeniem jest również zdjęcie opaski z naszych oczu, abyśmy mogli spojrzeć poza to, co oczywiste, a przede wszystkim przebudzić świat wewnętrzny: jedyną przestrzeń, z której można dostrzec prawdziwą zmianę na zewnątrz.

W trakcie moich doświadczeń nauczyłem się rozpoznawać pewne prawa, wzorce, przekonania i działania, które pozwalają nam wyjść poza to, co osiągamy oczami ego. Odkryłem, jak sprawić, by życie sprzyjało nam i oferowało to, czego pragniemy. Odkryłem też coś wyzwalającego: wszystko, co widzę, stworzyłem sam. Dotyczy to również tego, co nazywamy „matriksem" lub „systemem". Może to brzmieć mistycznie, ale tak nie jest.

Moim zamiarem w tej książce jest uświadomienie Ci, że nigdy nie byłeś oddzielony od prawdy, chociaż aby do niej dotrzeć, musimy zagłębić się w pojęcia, których racjonalny umysł nie zawsze jest w stanie ogarnąć.

Zbyt długo słuchaliśmy głosu ego, które szepcze nam, że „tam na zewnątrz" jest ktoś, kto sprawuje kontrolę. Ale nadszedł czas, aby poświęcić czas prawdzie. Na tej ziemskiej płaszczyźnie istnieją tylko dwie drogi: dać się zdominować ego (skojarzonemu z diabłem, negatywnością) lub pozwolić, aby to Bóg – Boskość, wyższa świadomość, pozytywność – nas prowadził.

W poprzedniej wersji tej książki wspomniałem, że istnieje wiele prawd. I to prawda, istnieje ich wiele. Ale żadna z nich nie jest jedyną. Dzisiaj ten tekst ma na celu nasycić czytelnika tą Prawdą, która nie dopuszcza dwuznaczności.

Wątpliwości, niepewność i nieufność sprawiły tylko, że dryfujemy bez celu, zwłaszcza gdy przeciwności losu pukają do drzwi. Z każdą stroną tej książki powrócisz do jedynego miejsca, w którym zawsze byłeś: tu i teraz.

Zagłębimy się w głębokie i duchowe koncepcje, ale także w praktyczne i przyziemne aspekty. Odkryjesz, że świat zewnętrzny i wewnętrzny ściśle się uzupełniają, gdy chodzi o budowanie życia pełnego radości lub cierpienia. I że my, ludzie, dysponujemy supermocą, która prawie zawsze jest źle wykorzystywana: decyzją.

Poznaj jedyną prawdę ma na celu pomóc ci rozpoznać to, co zawsze było w tobie: tę wrodzoną moc, której woleliśmy nie dostrzegać lub którą skierowaliśmy na cele obce naszej prawdziwej istocie. Nadszedł czas, aby przedłożyć miłość ponad wszystko. Nadszedł czas, aby przypomnieć sobie, że wszyscy jesteśmy jednością.

Zanim przejdziemy dalej, zapraszam Cię do wzięcia głębokiego oddechu i uwolnienia się od wszelkich oczekiwań: wobec mnie, tej książki lub samej jedynej prawdy ( ). Czytając pierwszą część, zrozumiesz głęboką różnicę między pokładaniem oczekiwań w czymś a zasiewaniem intencji. Większość ludzi pokłada swoje nadzieje w tym, co zewnętrzne, a to przynosi tylko ból.

Pierwszym krokiem będzie zdjęcie zasłony, która istnieje między tobą a rzeczywistością. Nie zrobimy tego od razu, ponieważ zerwanie opaski, która była nałożona przez tak długi czas, może być bolesne i oślepiające. Ego – ten wewnętrzny, gadatliwy i ograniczający głos – zaczniemy wykorzystywać na naszą korzyść, a nie przeciwko nam. Odkryjesz, jak po cichu rządziło ono Twoim życiem i jak możesz przekształcić je w sojusznika, aby stworzyć nowe życie i nową rzeczywistość.

Kiedy w końcu zrobimy ten krok i opaska w dużej mierze opadnie, będziemy mogli iść naprzód. Gdybyśmy zrobili to wcześniej, umysł ponownie wypełniłby się wątpliwościami i zamieszaniem, jeszcze bardziej wzmacniając zasłonę, która okrywa ten świat, który dla większości ludzi wydaje się być „rzeczywistością". Tutaj zrozumiesz, dlaczego tak nie jest i dlaczego wiara w to sprawiała, że żyłeś poniżej swojego prawdziwego potencjału.

Kiedy spojrzysz na życie bez opaski, która dziś zasłania twoją rzeczywistość, nie tylko zaczniesz rozumieć, ale także pojmować. Rozumienie należy do sfery rozumowania, natomiast pojmowanie obejmuje głębokie odczucie, które ujawnia, że prawda zawsze była częścią ciebie.

Na tym etapie twoje ego zacznie łączyć elementy, odczuwać, zastanawiać się i kwestionować to, co od urodzenia uważałeś za rzeczywiste. Jest to najbardziej pragmatyczna część książki i być może dla niektórych najbardziej wymagająca. Jednak patrząc na nią bez opaski, którą wcześniej nosiłeś, okaże się ona wyzwalająca i głęboko transformująca.

W miarę jak będziemy posuwać się naprzód w tej podróży, granice zaczną znikać, a bariery będą padać jedna po drugiej, jak kostki domina.

Trzymając tę książkę w rękach, zachęcam cię do szanowania jej, traktowania z szacunkiem i traktowania jej tak, jak na to zasługuje: jako przedłużenie ciebie samego. To, co będziesz czytał, czuł i doświadczał, należy do ciebie, a wraz z tym uznaniem zaczyna się droga do Jedynej Prawdy.

ROZDZIAŁ 1

ZABAWIAJĄC SIĘ W MATRIXIE

PRAWDZIWA PRAWDA

*„Czy kiedykolwiek czuliście, że znacie
prawdę, ale nie potraficie nią żyć?*

Matrix nie jest cyfrowy, jest emocjonalny. Ustalenie podstaw prawdy pozwoli nam utrzymać potężną treść. Ludzie grają w grę dualną. Problem polega na tym, że wielu nawet nie wie, że bierze udział w grze, a inni grają w nią, nie znając jej zasad. Są tacy, którzy uważają się za wielkich mistrzów, ale denerwują się na innych. Inni twierdzą, że są świetnymi uczniami, ale denerwują się, gdy ktoś ich poprawia.

Dwoistość jest przeciwieństwem tego, czego nas nauczono: nie jest to rozdzielenie, lecz połączenie. Dzielimy ją tylko po to, aby móc ją wyjaśnić słowami, ale gdy przyjrzymy się bliżej, okazuje się, że nie są to dwie różne rzeczy, ale jedna rzecz widziana pod dwoma kątami. Światło i cień, życie i śmierć, przyjemność i ból... wszystko to jest częścią tego samego bicia serca.

Pomyśl o tym w ten sposób: aby móc przeczytać tę książkę, musiałeś najpierw jej nie czytać. Gdybyś tylko czytał, nie będąc świadomym tego, czego wcześniej nie przeczytałeś, nie byłbyś w stanie tego dostrzec. Brzmi to paradoksalnie, ale właśnie ten paradoks ujawnia głębszą prawdę: wszystko dzieje się w tym samym czasie, chociaż postrzegamy tylko mikroskopijną część Całości.

To, co nazywasz „swoją rzeczywistością", jest jedynie echem tego, co twoja ograniczona percepcja jest w stanie utrzymać bez załamania się. Ta opaska, którą nosisz, nie pozwala ci widzieć rzeczy takimi, jakimi są, ale samo jej istnienie oznacza, że był moment – choć ulotny – kiedy jej nie nosiłeś. To ukryte w twojej duszy wspomnienie sprowadziło cię tutaj.

Kiedy człowiek przestaje żyć w niewoli jednej polaryzacji i rozumie, że każda strona medalu zawiera drugą, jego ograniczenia zaczynają się stopniowo rozpadać. Zrozumienie świata, w którym się znajduje, nie jest opcjonalne: jest to pierwszy prawdziwy krok do wyboru czegoś innego, a w konsekwencji do przeprogramowania się.

Zastanów się przez chwilę: a co, jeśli to ty sam nieświadomie zaprogramowałeś system, który cię kontroluje? To nie jest tylko prowokacyjne pytanie. To bezpośrednie zaproszenie d , aby zacząć wyłączać autopilota. Ten system myślenia, który kieruje absolutnie wszystkim w twoim życiu i robi to bez twojej wiedzy.

Będziemy krok po kroku usuwać przekonania, które dziś powstrzymują cię przed byciem tym, kim jesteś. Są one jak kamienie obciążające duszę i należy je pilnie odrzucić. Pod koniec książki nie zostanie ani jeden. Ale teraz jest praca do wykonania.

Mamy tendencję do wierzenia, że musimy dodawać rzeczy do naszego życia: więcej przedmiotów, więcej zajęć, więcej wiedzy, więcej potwierdzeń. Paradoks polega jednak na tym, że przypomnienie sobie, kim jesteś, nie polega na gromadzeniu, ale na pozbywaniu się.

Jedną z najgłębszych tajemnic, które możesz teraz w sobie zintegrować, jest to, że nie przyszedłeś, aby się przywiązywać, ale aby się wyzwolić. Nie jesteś tu po to, aby gromadzić, ale aby się uwolnić. Prawdziwym zadaniem w tej grze jest oderwanie się. Nie oznacza to, że nie będziesz „posiadać" rzeczy (jak zobaczysz później, przyszedłeś, aby nimi zarządzać, a nie je posiadać), ale musisz rozwinąć wystarczającą sprytność, aby rzeczy, które posiadasz, nie posiadały ciebie.

I nie, nie jest to część nowego nurtu, który twierdzi, że nic nie ma znaczenia. Wręcz przeciwnie: jest to część autentycznej drogi „ ", w której uznajesz swoje przywiązania, ale rozumiesz, że jesteś czymś znacznie więcej niż one.

Ta książka nie powstała po to, aby poprawić twój charakter. Powstała, aby go zniszczyć. I pierwszą rzeczą, którą zrobimy podczas tej podróży, będzie właśnie to.

PRZYSTANEK 1: NISZCZENIE OSOBOWOŚCI

„Ta część ciebie, która drży ze strachu, musi przejść rodzaj ukrzyżowania, aby ta część ciebie, która zasługuje na większy honor, mogła przejść rodzaj reinkarnacji".

W wielu cyrkach na całym świecie dorosłe słonie pozostają przywiązane do prostego kołka wbitego w ziemię. Nie ma ciężkich łańcuchów ani stalowych klatek. Tylko cienka, ledwo napięta lina, którą każdy uznałby za łatwą do zerwania. Ale one tego nie robią. Nie uciekają. Nawet nie próbują. Co się dzieje?

Odpowiedź leży w przeszłości.

Kiedy te słonie były małe, przywiązywano je tą samą liną. Wtedy nie miały wystarczającej siły, aby się uwolnić, chociaż próbowały z całych sił. Dzień po dniu walczyły z tym ograniczeniem... aż d , że po wielu nieudanych próbach po prostu przestały próbować.

Kiedy były małe, nieświadomie zaszczepiono im przekonanie, że ucieczka jest niemożliwa.

Z biegiem czasu ich ciała urosły, ale ich przekonanie nie uległo zmianie. Tak więc, kiedy były już wystarczająco silne, aby bez wysiłku się uwolnić, nie robiły tego. Nie próbowały już, ponieważ nadal były przekonane, że to bezcelowe. Lina już ich nie wiązała... tym, co trzymało je w niewoli, był ich umysł.

> *„To, co zasiałeś w przeszłości, zbierasz w teraźniejszości. To, co zasiejesz w teraźniejszości, zbierzesz w przyszłości".*

Wielu uważa, że przebudzenie polega na gromadzeniu inspirujących cytatów, medytacji lub zdrowym odżywianiu. Jednak prawdziwe przebudzenie zaczyna się, gdy zmierzymy się z tym, czego nie chcemy widzieć w sobie. To właśnie w naszej najmroczniejszej części, w naszych lękach, tkwi największy potencjał rozwoju.

To, co nazywamy „cieniem" – lub psychologicznie „nieświadomością" – skrywa nasze najgłębsze sekrety, a także naszą największą ukrytą moc.

Przez pewien czas prowadziłem na Instagramie serię zatytułowaną *„Fałszywi duchowi"*. Odpowiadałem na komentarze bezpośrednimi refleksjami, mając na celu pokazanie nieświadomych mechanizmów, które wielu broniło jako prawdę. Ciekawe było to, że większość z nich natychmiast się obrażała. Nie dlatego, że to, co mówiłem, było agresywne, ale dlatego, że dotykało części ich osobowości, której nie byli gotowi się pozbyć.

Ta seria nauczyła mnie dwóch rzeczy:

1. Odpowiedzi nie były dla nich, były dla mnie.
2. Odpowiedzi nie były dla wszystkich, ale dla tych, którzy odważyli się spojrzeć poza swoje ego.

Od tego czasu zrozumiałem coś, co powiem bez ogródek: nie obchodzi mnie, kim myślisz, że jesteś. Teraz to zostawisz za sobą.

Ponieważ wiem, czego naprawdę pragniesz. Pragniesz prawdy, ale także pełniejszego życia. Być może chcesz założyć rodzinę, poprawić swoje relacje, zarabiać więcej pieniędzy lub nauczyć się cieszyć tym, co masz, bez poczucia winy. Być może chcesz przestać tylko przetrwać i zacząć naprawdę żyć. Szczegóły nie mają znaczenia. Liczy się to, że tego, czego szukasz, nie znajdziesz, pozostając tym, kim byłeś do tej pory.

I nie jesteś sam. Wszyscy w pewnym momencie gramy w tę samą grę. Wierzyliśmy, że ta postać była prawdziwa. Identyfikujemy się z tym, co mamy, z tym, co myślimy, z tym, co nas zraniło, z tym, co zrobiliśmy źle. I na tej podstawie budujemy ograniczoną tożsamość.

Problem nie polega na tym, że jest ona fałszywa. Problem polega na tym, że jest niekompletna. A to, co niekompletne, gdy broni się jako prawda, staje się więzieniem.

Ta postać składa się z nieświadomych przekonań, odziedziczonych wzorców, zapożyczonych idei i nierozwiązanych bólów.

Żyje uwięziona w tym, co nazywam *Nieaktywną Stroną*: stroną bólu, narzekania, winy, kary, niedostatku i strachu. Jest to strona życia, w której króluje ego, nawet jeśli przebiera się ono za duchowość lub dobre intencje.

Ale istnieje również Aktywna Strona Nieskończoności. Przestrzeń, w której uzyskuje dostęp do swojej prawdziwej tożsamości, gdzie się dostosowuje do Boga, do Źródła, do Prawdy. Przestrzeń, w której życie nie jest reakcją, ale tworzeniem.

Jaka jest różnica między jedną stroną a drugą? Wybór. Tylko że nie możesz dokonać wyboru, jeśli nie zdejmiesz opaski. A tą opaską jest postać. Dlatego pierwszą rzeczą, którą zrobimy, jest jej zniszczenie. Bo jeśli tego nie zrobisz, wszystko, co przeczytasz w tej książce, będziesz interpretować z perspektywy tego więzienia. A nie chcę tego dla ciebie.

Oto pierwsze ważne pytanie: czy jesteś gotowy przestać być tym, kim myślisz, że jesteś?

Jeśli twoja odpowiedź brzmi „tak", to już dokonałeś wyboru. A kiedy wybierasz duszę, rzeczywistość się zmienia.

Dlatego zanim przejdziemy dalej, chcę poprosić cię o uwolnienie się od następujących rzeczy. Nie jest to kara, lecz akt wyzwolenia. Zrobimy to, aby dostroić się do prawdy. Żaden człowiek nie może połączyć się ze Źródłem, jeśli nie uczestniczy w nim aktywnie. A Źródło jest z nami właśnie teraz; problem polega właśnie na tym, że go nie widzimy.

Z tego powodu w pierwszej kolejności zaczniesz żyć prawdą. Ponieważ prawdy nie można znaleźć, można ją przeżyć. Aby to osiągnąć, naszym zadaniem jest pozbycie się balastu, zdjęcie opaski z oczu i podjęcie rzeczywistego kroku.

Czy jest to niewygodne? Tak.

Nie chcesz tego zrobić? Być może.

Czy przeniesie cię to na inny poziom zrozumienia? Bez wątpienia.

RZECZY, Z KTÓRYMI ZREZYGNUJESZ OD DZISIAJ

- **Złych nawyków** (pornografii, gier wideo, papierosów lub wszelkich innych nawyków, które odbierają ci energię).
- **Narkotyki** (alkohol, marihuana lub jakakolwiek substancja, która wytrąca cię z równowagi).
- **Osądzanie innych** (nie jesteś już sędzią nikogo).
- **Ograniczające środowiska** (stare ubrania, miejsca, w których nic się nie dzieje, ludzie, którzy wysysają z ciebie energię).
- **Toksyczne jedzenie** (przestań zatruwać swoje ciało, umysł i duszę przetworzoną żywnością i chemikaliami).
- Środowiska o niskiej wibracji (puste imprezy, krzyki, konsumpcja strachu).
- **Toksyczne sieci społecznościowe** (przestań śledzić osoby, które nie podnoszą Twojej świadomości).
- **Wiadomości** (zaprogramowane, aby wypełnić cię strachem i rozpraszać uwagę).

Dlaczego jest to konieczne?

Ponieważ osoba zatruta nie widzi nic, ani na zewnątrz, ani wewnątrz. Jeśli chcesz poznać prawdę, musisz najpierw oczyścić się ze wszystkiego, co nie pozwala ci widzieć. Niezrobienie tego byłoby jak próba jazdy z przednią szybą pokrytą plamami lub brudem. Najpierw ją czyszczymy, a potem jedziemy dalej z jasnością, przekonaniem i pewnością.

Jeśli oczekiwałeś, że podam ci gotową prawdę, pomyliłeś autora i książkę.

Nie przyszedłem, aby podać ci prawdę. Przyszedłem, aby poprowadzić cię do odkrycia Jedynej Prawdy samodzielnie. Nie osiąga się tego poprzez gromadzenie fraz, teorii spiskowych lub wiedzy. Osiąga się to poprzez zrzucanie kolejnych warstw, aż pojawi się twoje prawdziwe Ja, to wyższe „Ja".

Porozmawiamy o tym później. Na razie potraktuj to jako wstępne oczyszczenie. Symboliczny akt. Odrodzenie.

Jeśli coś, co czytasz, sprawia Ci dyskomfort, jeśli uważasz, że nie powinieneś tego robić lub że nie jest to konieczne, zadaj sobie szczere pytanie:

Czy czytam tę książkę, aby się czegoś nauczyć, czy aby potwierdzić to, co wydaje mi się, że wiem?

Z mojej perspektywy nielogiczne jest czytanie książki w przekonaniu, że znasz już wszystkie odpowiedzi, ponieważ w takim przypadku tylko utwierdzasz się w swojej arogancji i braku pokory. Jeśli zdecydowałeś się kupić tę książkę lub poświęcić czas na jej przeczytanie, ponieważ intuicyjnie czujesz, że może ona pomóc Ci zmienić Twoje życie, to przynajmniej postaw się w stanie otwartości, pozwól się prowadzić i spraw, aby zainwestowany czas naprawdę się opłacił.

Ile osób kupuje kursy, książki, szkolenia, wyjazdy, chodzi na imprezy... a potem ich życie pozostaje dokładnie takie samo? Zastanawiałeś się nad tym? Ja tak. Wiele razy. I doświadczyłem tego na własnej skórze na początku mojej „poszukiwania wiedzy". Konsumowałem informacje bez zastosowania, czekając na odkrycie czegoś nowego, co zmieni moje życie. Ale nic się nie zmieniało, ponieważ to, co najważniejsze – ja, jako twórca – nie zmieniało się. Moje podejście do słuchania mentorów lub autorów było aroganckie, oparte na przekonaniu „ , ja już wiem". A kiedy się tak myśli, zbiornik wiedzy się zamyka. Nic więcej nie może się do niego dostać.

Jeśli więc zamierzasz dalej czytać, opróżnij zbiornik. Mądrze inwestuj swój czas i pozwól się prowadzić, ponieważ...

„Wiara bez działania jest martwą wiarą".

Powiedziawszy to, kontynuujmy to oczyszczanie i dostosowywanie, uwalniając się od tego, co najgłębsze, aż po to, co najbardziej zbędne, co obecnie krąży w twojej głowie.

Prawda zaczęła się mocno, tak. Ale nie bój się: jeśli ta książka trafiła w twoje ręce, to dlatego, że jesteś już gotowy, aby ją przeczytać. Jesteś już gotowy, aby otrzymać wszystkie informacje i instrukcje, dzięki którym ta „zmiana", o którą z pewnością poprosiłeś wszechświat, zacznie się naprawdę realizować raz na zawsze. W przeciwnym razie nigdy nie spotkałbyś jej na swojej drodze.

STOP 2: SZTUKA ODPUSZCZANIA

Niewielu opanowało tę sztukę, a jednak jest ona jedną z najważniejszych, aby móc utrzymać każdą inną. Ciekawe, prawda? Sztuka odpuszczania – sztuka puszczania – jest, paradoksalnie, tą, która pozwala nam najbardziej się utrzymać.

Z czasem odkryłem bardzo prostą filozofię: jeśli nie chcesz, aby cokolwiek cię posiadało, nie posiadaj niczego. A jeśli coś pojawia się w twoim życiu, zrozum, że zarządzasz tym tylko przez pewien czas.

Ale chwileczkę... nie mówię tego, co myślisz.

Nieposiadanie nie oznacza, że nie możesz kupić tego samochodu, tego domu, ani że musisz wyjechać do Himalajów i żyć jak mnich lub zostać hipisem w Indiach.

W 2024 roku przyciągnąłem do swojego życia Porsche Cayman S, piękny samochód sportowy, który wyznaczył punkt zwrotny na mojej drodze. Ale nie chodziło o to, co oczywiste – nie chodziło o to, że stałem się pierwszą osobą w moim mieście i okolicach, która miała samochód sportowy tej klasy zaparkowany codziennie przed domem – ale o to, że ten samochód ujawnił moje przywiązania, ograniczenia i lęki jak nigdy dotąd.

W pierwszych dniach, kiedy miałem go w garażu, zacząłem zauważać, jak coraz bardziej przywiązuję się do szczegółów: czy nie porysował się, czy nie dotykał podłoża podczas jazdy, czy nie ubrudził się... i tak dalej.

Moje ambitne zamierzenie – przezwyciężenie strachu i zakup samochodu sportowego, mieszkając w 1500-osobowej miejscowości, będąc młodym pisarzem – zostało przyćmione przez moje ego, które każdego dnia przypominało mi o „niebezpieczeństwie" mojej decyzji.

Kiedy zdałem sobie sprawę z tego, co się dzieje, zacząłem szybko podejmować działania. Najpierw obserwowałem. Za każdym razem, gdy pojawiał się ten cichy głos strachu z jakąś negatywną uwagą, wykrywałem go i oddawałem Bogu, mówiąc sobie takie rzeczy jak: *„Jeśli się zarysuje, to dlatego, że musiało* *się zarysować"*. *"Jeśli dotyka podwozia, to dlatego, że tak miało być"*. *"Kupiłem go, aby inspirować innych, a nie po to, żeby nic mu się nie stało"*.

Stopniowo zacząłem reedukować swój umysł. Przestałem żyć w stanie gotowości. Przestałem chronić się przed światem. Zacząłem się mu poddawać.

Zastąpiłem destrukcyjne myśli neutralnymi, realistycznymi, a także pozytywnymi. I właśnie od tej zmiany zaczęła się magia.

Zacząłem udostępniać filmy o samochodzie i o oderwaniu od rzeczy materialnych w mediach społecznościowych, a one stały się viralowe. Na początku nie rozumiałem, jaki cel miał dla mnie Bóg w związku z tym samochodem. Ale po tym, jak zobaczyłem, jak wiele filmów mówiących o tym, że samochód był pożyczką od Boga, że wynajmowałem go od Niego, że tylko przez chwilę nim zarządzałem – między innymi tytuły, których użyłem – trafiło do tysięcy ludzi... zrozumiałem to.

Prosty metalowy przedmiot pozwolił mi pokazać światu sposób życia w oderwaniu od rzeczy materialnych. Prawdziwy sposób, połączony z uniwersalną prawdą, a co za tym idzie, z Nieskończonym Źródłem, ze Świadomością, która podtrzymuje wszystko, co istnieje.

Wiedziałem, że tylko nim zarządzam. Ale czasami przekonujemy się, że rzeczy powinny trwać dłużej. I wtedy znów komplikujemy sobie życie: wierząc, że rzeczy materialne dadzą nam szczęście, którego szukamy... podczas gdy w rzeczywistości nic na świecie nie może dać nam tego, czego naprawdę szukamy: spokoju.

Szczęście będziemy odczuwać wiele razy, dzięki wielu rzeczom. Ale nie jest to coś trwałego ani stabilnego, ponieważ pochodzi ze świata. Pokój natomiast nie potrzebuje powodu.

Sposób życia, którego nauczysz się z tej książki, jest odwrotny do tego, jaki znamy ze świata. Pokażę ci Prawdę, abyś mógł w niej żyć.

Proces ten rozpoczyna się od słów i objawień takich jak te. Ale kiedy już wkroczysz na tę ścieżkę, nie będziesz w stanie spojrzeć na życie tak jak wcześniej.

Nie twierdzę przez to, że nie powinieneś posiadać rzeczy materialnych. Twierdzę jedynie, że nie powinieneś uważać ich za swoje. Ta różnica zmienia wszystko.

Kiedy kupujesz samochód, to tak, pragmatycznie rzecz biorąc, jest on twój. Bez wątpienia. Ale duchowo rzecz biorąc, prawda jest taka, że nie jest: jest tylko pożyczką od Boga.

Dlaczego twój samochód nie jest twoim samochodem, a jedynie pożyczką od Boga? Ponieważ postrzeganie, które sprawia, że wierzymy, iż coś jest „nasze", pozwala nam dostrzegać jedynie to, co widzą nasze ziemskie oczy, niezdolne do postrzegania duchowej rzeczywistości sytuacji: że wszystko jest dziełem Boga.

Ciemność nie jest rzeczywista, jest tylko brakiem światła. Dlatego to, co nazywamy „stratą" w danym momencie, jest jedynie iluzją stworzoną przez nasze postrzeganie, które mówi nam, że coś było, a teraz już nie ma. W ten sam sposób to, co nazywamy „zyskiem", również jest iluzją: czujemy, że coś mamy, ponieważ wcześniej tego nie mieliśmy.

Żadna z tych rzeczy nie jest prawdziwa. Stają się one „prawdziwe" tylko w oczach ego. Problem polega na tym, że ego identyfikuje się z formą, nie dostrzegając tego, co ją podtrzymuje. To jest zasłona, którą zaczynamy odsłaniać.

Aby posunąć się naprzód i stworzyć postać, którą będziemy grać w tej Matrixie, oraz odkryć Jedyną Prawdę, konieczne jest uwolnienie się od tego, czego się trzymamy. A to oderwanie nie zaczyna się na zewnątrz, ale wewnątrz. Najpierw aktywuje się na płaszczyźnie duchowej, a następnie odzwierciedla się na płaszczyźnie materialnej.

Nie chodzi o to, aby żyć bez posiadania, ale o to, aby nauczyć się posiadać, nie będąc przez to opanowanym. Nie oznacza to, że nie kupujesz, nie cieszysz się ani nie używasz rzeczy; oznacza to, że robiąc to, pamiętasz, że wszystko, co pojawia się w twoim życiu, jest tymczasowe: pożyczką, którą prędzej czy później będziesz musiał zwrócić. Ten „prędzej czy później" może nastąpić, gdy opuścisz to ciało, a nawet znacznie wcześniej. Ale jeśli twój spokój zależy od tego, to nie jest to spokój.

> *„Prawdziwa siła nie polega na zatrzymywaniu, ale na odpuszczaniu bez utraty siebie. Ponieważ jedyne, co naprawdę należy do ciebie... to twój wybór".*

Ta zasada nie jest symboliczna. Jest sposobem na życie. A kiedy ją urzeczywistniasz, tworzysz podstawę, która pozwala ci utrzymać świat zewnętrzny, nie dając się mu zniszczyć: solidny wewnętrzny świat obfitości, w którym oderwanie się od rzeczy przestaje być wysiłkiem, a staje się podstawową, naturalną i wyzwalającą filozofią.

W tej grze jedyną stałą rzeczą jest zmiana. A jeśli przywiązujesz się do rzeczy, podpisujesz bezpośrednią umowę z cierpieniem, ponieważ w świecie zewnętrznym wszystko jest w ciągłym ruchu. Wszystko mutuje, wszystko się zmienia, wszystko przemija.

Kiedy uznasz, że idea „to jest moje" jest tylko przekonaniem, pojawia się możliwość przekroczenia tego przywiązania. A kiedy je porzucisz, w Twoim życiu pojawi się miejsce na to, czego zawsze pragnąłeś, ale już nie z powodu pustego pragnienia, ale z powodu wewnętrznej pewności, że to Ci się należy… właśnie dlatego, że przestałeś tego pragnąć i stałeś się kimś, kto potrafi tym zarządzać.

Wypełnianie pustki to nie to samo, co wyrażanie siebie z pełni. Dążenie do osiągnięcia czegoś to nie to samo, co przyciąganie tego poprzez swoją wibrację.

98% światowej populacji nieustannie goni za marchewką. Podejmują działania, aby „być wolnymi", zarabiać pieniądze i kupować rzeczy. Studiują, aby zdobyć pracę, zarabiać pieniądze i kupować rzeczy.

Zawsze robią coś, aby coś uzyskać, zamiast zatrzymać się, spojrzeć do wewnątrz, przyjąć pustkę, zapalić światło w ciemności, spojrzeć na cień i wypełnić go Obecnością. I tu leży klucz. Nie w wysiłku, ale w oddaniu. Nie w kontroli, ale w poddaniu się.

Kontynuujmy.

Przejdźmy do następnej fazy: stworzenia postaci, która będzie grała w tę grę.

W pierwszym etapie skupiliśmy się na zniszczeniu poprzedniej wersji, patrząc na nią z miłością, zrozumieniem i wdzięcznością. Teraz następnym poziomem jest budowanie z zamierzeniem.

Zrobiliśmy pierwszy krok. Teraz zrobimy trzeci. Drugi zrobił już Bóg.

STOP 3: TWORZENIE POSTACI

„Możesz być, robić i mieć wszystko, czego pragniesz w życiu".

To zdanie całkowicie zmieniło moje rozumienie „rzeczywistości". Wydaje się proste, ale kryje w sobie najważniejszą tajemnicę, jaką obdarzeni są ludzie: tajemnicę zapomnianą, zniekształconą przez wielu i nadużywaną przez równie wielu.

W tej części znajdziesz jasny, precyzyjny i bezpośredni przewodnik, jak stać się tym, kim zawsze chciałeś być, jak robić to, co zawsze chciałeś robić i jak mieć to, co zawsze chciałeś mieć. Zobaczysz, że nie ma w tym nic mistycznego, ale jest to praktyczne, proste i całkowicie zgodne z prawami wszechświata. Pomyśl tylko o tym:

> *„Niezależnie od tego, czy uważasz, że to niemożliwe, czy też uważasz, że to możliwe, będziesz miał rację".*

Teraz nauczysz się grać po pozytywnej stronie życia. Grać z Bogiem, rozumiejąc znaczenie tego w osiągnięciu absolutnie wszystkiego, czego pragniesz.

Zanim jednak stworzycie postać, która będzie potrzebna do tego zadania, pozwólcie, że wyjaśnię, co to naprawdę oznacza. Postać ta nie jest maską ani sztuczną wersją was samych. Jest najczystszym wyrazem waszej duszy wcielonej w tym wymiarze.

Jest narzędziem, którego użyjecie, aby zamanifestować swój cel, poszerzyć swoją świadomość i służyć światu.

Jestem pewien, że w tym momencie zostawiłeś już za sobą wiele przeszkód, a jeśli nadal czytasz, to dlatego, że naprawdę jesteś zaangażowany w poszukiwanie prawdy. Kontynuujmy więc uwalnianie umysłu od fałszywych ograniczeń.

Skoro pozbyłeś się negatywnych i toksycznych nawyków i sposobów postępowania, możemy teraz zacząć dodawać nowe sposoby życia, które są zgodne z ewolucją twojej Istoty. Kiedy człowiek skupia się na tym, co go podtrzymuje – na części duchowej – jego życie całkowicie się zmienia. Ale aby zobaczyć to, co niewidzialne, musimy nauczyć się patrzeć nowymi oczami. Gdy opada opaska, pojawia się wyraźniejszy, bardziej realny i spokojniejszy sposób widzenia, który zawsze tam był, chociaż go nie dostrzegaliśmy. To jest wizja, która podtrzymuje wszystko.

> *„Świat zewnętrzny jest stworzony na podobieństwo świata wewnętrznego. Aby coś istniało, musi najpierw zostać gdzieś dostrzeżone, a tym miejscem jest umysł".*

Tworząc postać, upewnij się, że spełniasz wszystkie wskazane przeze mnie wcześniej warunki i że naprawdę jesteś zaangażowany w ich realizację. Jeśli tak nie jest, nie czytaj dalej tej książki. To bardzo zdecydowane stwierdzenie i wiem, że ryzykuję, mówiąc to w ten sposób, ale przyszedłeś tu po prawdę i taki jest nasz standard. Wiem, że niektóre rzeczy będą wymagały więcej czasu, aby je porzucić, ale jeśli zachowasz stare nawyki myślowe, jeśli zachowasz stare zachowania, jeśli zachowasz ten sam sposób komunikowania się, nie oczekuj, że pojawi się twoje „prawdziwe ja". Jeśli spojrzysz głęboko, to co robimy, to tworzenie naczynia, aby prawda mogła płynąć. Nieprzestrzeganie opisanych kroków od samego początku tylko bardziej zdezorientuje twój umysł. Ta książka nie ma na celu rozrywki twojego ego, ale jego przekroczenie. Wiem, że trudno jest przeczytać te słowa, ale najbardziej bolesne jest zachowanie tożsamości opartej na strachu przed nie , który każdego dnia oddala cię nieco bardziej od tego, kim naprawdę jesteś i od wszystkiego, co możesz zrobić lub mieć.

Pamiętaj: musimy uświadomić sobie to, co nieświadome. Aby to osiągnąć, musimy porzucić to, kim myśleliśmy, że jesteśmy, odłączyć się od tej ograniczonej wersji, która już nas nie reprezentuje. Wiele osób skupia się wyłącznie na zdobywaniu, a to tylko potęguje poczucie pustki, które odczuwają. Dlatego tak bardzo nalegam, abyśmy najpierw pozbyli się warstw strachu, które zasłaniają nam widok.

Ta książka podniesie cię na wyższy poziom. Odkryjesz rzeczy tego świata, które niewielu jest w stanie znieść. Niewygodne prawdy. Dobrze strzeżone sekrety. Wstrząsające rewelacje. Dlatego potraktuj ten początkowy proces jako oczyszczenie. Przeprowadzamy prawdziwe pranie mózgu, ale nie takie, jakie przeprowadził system, tylko wewnętrzne, pełne miłości i wyzwalające.

Ujawnią się rzeczy, których w sobie nie lubisz. Pojawią się mury i granice, których nie widziałeś lub o których nie wiedziałeś, że istnieją. Ujawnią się wewnętrzne opory, konflikty wynikające z niechęci do wykonywania poleceń, gniew ukryty pod maską sceptycyzmu.

Konflikty takie jak: *"Czy ta książka nie miała opowiadać o kosmitach, ukrytej elicie i spiskach? A teraz mówisz mi, że najpierw muszę zdjąć opaskę z oczu, a nadal nie ujawniasz mi niczego zewnętrznego?"*. To twoje ego narzeka. Coraz bardziej nauczysz się je oswajać i kierować ku prawdzie. Taki jest cel i nad tym właśnie pracujemy.

Powiem ci tylko, żebyś nie lekceważył tego, co się teraz dzieje. Czytanie tej książki tworzy nowe połączenia w twojej istocie, a to dopiero początek.

> *"To, co wchodzi, tworzy to, co wychodzi. Dlatego mądry człowiek dba nie tylko o to, co je, ale także o to, czego słucha i co czyta".*

Teraz pozwól, że zdradzę ci coś ważnego: to, co wcześniej nazywaliśmy „diabłem" i „bogiem", to tylko dwie strony tego samego medalu. Są tym samym, ale działają w różny sposób. Diabeł to ta część, która cię usypia, wzmacnia iluzję, chce, żebyś pozostał w stanie uśpienia (biegun ujemny). Bóg jest częścią, która cię rozbudza, przypomina ci, kim jesteś, pokazuje, że nawet z założoną opaską na oczy ( ) możesz widzieć lub że możesz ją zdjąć, kiedy tylko zechcesz (biegun dodatni).

Symbolicznie „opaska" reprezentuje myśli, przekonania, emocje i wzorce, które zaciemniają jego wizję. Nie pozwalają mu dostrzec pełnego obrazu, myśleć nieszablonowo ani żyć poza scenariuszem. Samo czytanie, rozumienie i stosowanie tego, co czyta, sprawia, że opaska ta stopniowo się rozpuszcza.

Nawet jeśli nadal masz przekonania, a opaska nie zniknęła całkowicie, zaczniesz odczuwać prawdę w każdym calu swojego jestestwa. Nawet jej nie widząc. Ponieważ prawdy nie widać, ale ją rozpoznaje się.

Ponadto należy zrozumieć, że to, o czym mówię, nie jest niczym nowym ani ukrytym. Ci, którzy rządzą światowym systemem, wiedzą o tym i wykorzystują to. Symbole nasycone mocą, „zbieg okoliczności", które w rzeczywistości nimi nie są... Ten, kto dominuje w grze materialnej, nie robi tego dlatego, że dominuje nad materią, ale dlatego, że wie, jak wykorzystać swoją energię: swoje myśli. Myśli w sposób zgodny z tym, czego pragnie.

Wciąż pamiętam, kiedy po raz pierwszy doświadczyłem duchowego przebudzenia – a przynajmniej tak to nazywam. Zaplanowałem swoje życie, aby zostać pilotem urugwajskich sił powietrznych, ale z powodów technicznych pozbawiono mnie tej możliwości. W tym roku, czując się całkowicie zagubiony i bez celu, zacząłem szukać odpowiedzi w jedynym miejscu, w którym według systemu miały się one znajdować: w pieniądzach.

Jeśli coś zrozumiałem, to to, że wszystko kręciło się wokół studiowania, aby potem znaleźć pracę, więc pomyślałem: *„a może jest inny sposób?"*. To pytanie skłoniło mnie do poszukiwania alternatyw i podczas poszukiwań zacząłem oglądać filmy o tym, jak działa system finansowy, o sposobach zarabiania pieniędzy bez studiowania na uniwersytecie i po raz pierwszy poczułem, jak pulsuje we mnie słowo *„przedsiębiorczość"*.

Tak, moje pierwsze przebudzenie świadomości miało charakter finansowy. Zacząłem czytać książki o duchowych finansach, uczyć się o światowej gospodarce, nieruchomościach, metodach zarabiania pieniędzy w Internecie i wielu innych rzeczach. Co najważniejsze: rozpoczęło się moje pranie mózgu. Od tego czasu nigdy nie patrzyłem na życie w ten sam sposób.

Ale oczywiście, nie zdając sobie z tego sprawy, zacząłem gonić za nową marchewką. Nie chodziło już o znalezienie pracy, aby zarabiać pieniądze, teraz chodziło o przedsiębiorczość, aby zarabiać pieniądze. Zmieniłem tylko środek, ale nadal skupiałem się na **posiadaniu**.

Przez lata wszystko, czego się podejmowałem, kończyło się niepowodzeniem. Nie udawało mi się zarabiać pieniędzy na żadnym z moich projektów, a jedyne, co robiłem, to zwiększałem zadłużenie na karcie kredytowej, którą w tamtym czasie pożyczał mi ojciec na moje wydatki, częściowo z powodu mojej ignorancji i braku samokontroli.

Oczywiście historia nie kończy się na tym. Po wielu potknięciach w końcu zrozumiałem, że muszę przestać gonić za czymś. Zacząłem poświęcać się wyłącznie tworzeniu osoby. Skupić się na sobie, bez rozpraszania uwagi, i wyeliminować wszelkie zakłócenia, które zagrażały moim dniom. Oznaczało to oddalenie się od osób, które nazywałem przyjaciółmi, zaprzestanie konsumowania wiadomości o niskiej wibracji i rozpoczęcie dbania o absolutnie wszystko, co docierało do mnie poprzez zmysły.

Za pierwszym razem przebudzenie było zewnętrzne. Zobaczyłem opaskę i chciałem ją gwałtownie zerwać, tylko po to, aby założyć inną. Za drugim razem przestałem skupiać się na opasce i spojrzałem do wewnątrz. Opaska nadal tam była, ale dzięki każdemu zrozumieniu, refleksji i przeciwnościom, które wykorzystałem jako naukę, stworzyłem prawdziwą postać. Jedynej możliwej: tej, która nie goni za niczym, która jest spełniona, która wibruje miłością i która nieustannie się rozwija. Tej samej, którą zapraszam cię teraz do stworzenia.

Aby stworzyć postać w tej Matrix, będziemy kierować się następującą formułą:

BYĆ – DZIAŁAĆ – POSIADAĆ

Formuła ta jest pomostem między tym, co niewidzialne, a tym, co widzialne, między tym, co jest, a tym, czego doświadczasz. Jeśli zastosujesz ją prawidłowo, będziesz w stanie z integralnością zamanifestować wszystko, czego doświadczyć przyszła twoja dusza.

- **BYĆ** reprezentuje wewnętrzny świat twoich obecnych przekonań.

- **ROBIĆ** reprezentuje wewnętrzny świat twoich obecnych działań.

- **POSIADAĆ** reprezentuje twoją zewnętrzną rzeczywistość, to, co przyciągnąłeś zgodnie z tym, co myślałeś i robiłeś w poprzedniej linii czasu.

Jeśli spojrzymy na to z perspektywy: osoba (ty) kupuje tę książkę (przyciąga ją do swojego życia). Następnie zaczyna ją czytać (**ROBIĆ**). W rezultacie coś zyskuje (**MIEĆ**). Zastąp to dowolnym przykładem, a zobaczysz, że działa to tak samo. Wszystko, co mamy, jest wynikiem tego, co zrobiliśmy, a wszystko, co zrobiliśmy, wynika z tego, jak myślimy o sobie.

Kiedy nikt nie uczy nas tej formuły, kończymy na odwrót: wierzymy, że to, kim jesteśmy, zależy od tego, co dzieje się na zewnątrz (czy jest zimno czy ciepło, czy pada deszcz, czy nie), od tego, co robimy (czy trenujemy, czy nie, czy jemy, czy nie) lub od tego, co mamy (czy posiadamy prawdę, czy nie). Ta postawa – jeśli zwróciłeś uwagę – jest postawą kogoś, kto gra po stronie biernej: uwarunkowanego i porwanego przez to, co dzieje się w życiu. Osoba z tej strony ciągle narzeka, usprawiedliwia się i szuka wymówek. I oczywiście otrzymuje więcej tego samego, ponieważ jej energia to narzekanie, cierpienie i ból.

W rzeczywistości staramy się odwrócić ten kierunek: być tymi, którzy wpływają na życie, jednocześnie pozwalając, aby życie wpływało na nas, w tej kolejności. Oznacza to, że gramy po aktywnej stronie nieskończoności.

Jeśli więc **DZIAŁANIE** i **POSIADANIE** są konsekwencją **BYCIA**, czy nie jest logiczne, aby zacząć dostosowywać nasze działania do naszego Bycia, aby w konsekwencji uzyskać inny rezultat?

To znaczy, jeśli chodzi o uświadomienie sobie „ciemnej" strony, to poprzez wzniosłe działania możemy połączyć się z naszą wyższą wersją: tą Istotą, która cierpliwie czeka, aż wykorzystamy ją do rozwoju w życiu.

Nie trzeba daleko szukać, aby znaleźć to, co często powstrzymuje ludzi: myślą, że nie potrafią, że to nie dla nich, że poniosą porażkę. I właśnie w tym momencie wkracza Diabeł i bandaż znów się przykleja.

Aby tego uniknąć, potrzebujemy ostatniej kluczowej koncepcji, zanim pokażemy Ci krok po kroku, co należy robić od dzisiaj, aby nie ulegać pokusom diabła.

STOP 4: JEDYNY CEL CZŁOWIEKA

Czy naprawdę uważasz, że osoba skupiona na celu może ponownie ulec ciemności? Odpowiedź brzmi: tak, może. Ale jest to znacznie mniej prawdopodobne, jeśli w każdej sekundzie będziesz skupiać swoją uwagę na celu swojego życia, jasno i zdecydowanie.

Umysł skupiony na swoim celu stanowi zagrożenie dla diabła i poddanych systemu.

Można to sprawdzić w bardzo prosty i praktyczny sposób: idź ulicą w miejscu pełnym ludzi. Idąc, skup wzrok na odległym punkcie, z niezmienną uwagą, i idź pewnym krokiem. Ludzie zaczną robić ci miejsce. Wydaje się to niewiarygodne, dopóki się tego nie doświadczy, ale wtedy zrozumiesz, że działanie budzi wiarę, a bez wiary nie możemy nic osiągnąć (zagłębimy się w to później).

Dlaczego tak się dzieje? Ponieważ twój umysł tworzy twoją rzeczywistość. Jeśli skupiasz się na jednej rzeczy, to właśnie ją otrzymasz. Wyobraź sobie tę scenę: idziesz z pewnym i skupionym spojrzeniem, bez zbaczania z drogi, a ludzie robią ci miejsce. To, co dla nieaktywnego umysłu byłoby przeszkodą, dla kogoś, kto gra po aktywnej stronie Nieskończoności, staje się częścią przepływu. Tak, przeszkody nadal istnieją, ale pokonujesz je z łatwością.

Jest to jedno z najpotężniejszych antidotum na diabła: uwaga. Chociaż źle wykorzystana, jest również tym, co najszybciej może sprawić, że wpadniesz w jego sidła.

Zawsze pamiętaj: kiedy dokonujesz wyboru, jesteś w Bogu, ponieważ wybór jest możliwy tylko z umysłem pewnym. Brak wyboru utrzymuje cię w wątpliwości. Wątpliwość prowadzi do niepewności, a niepewność sprawia, że dryfujesz. A dryfowanie jest tym, gdzie znajduje się diabeł.

To tak, jakbyś był głodny i otworzył lodówkę: jeśli wybierzesz jabłko, zjesz je i będziesz zadowolony. Ale jeśli wahasz się między jabłkiem, ciastkiem lub sokiem, patrzysz bez podejmowania decyzji, a w końcu... twój głód wzrasta, a wraz z nim prawdopodobieństwo, że wybierzesz najgorszą opcję.

„Decyzja karmi. Wątpliwości paraliżują".

Kiedy człowiek gubi się w poszukiwaniu prawdy, zamiast żyć nią każdego dnia, jego życie staje się wolniejsze, popada w letarg i czeka tylko na cud aż do dnia swojej śmierci, nie rozumiejąc nigdy, że cuda są chlebem powszednim, kiedy żyje się Prawdą i dla Prawdy.

Dlatego też, w miarę jak będziemy posuwać się naprzód, przestaniesz dryfować. Zrozumiesz, że jeśli pragniesz prawdy, musisz nią żyć w każdej chwili. Tak, życie zgodnie z nią wiąże się z bólem, ale nie martw się: ciebie, duszo zamieszkująca to ciało, nic nie będzie bolało. Cierpieć będzie twoje ego, które wciąż ma przywiązania. Ale twoja prawda, to, czym naprawdę jesteś, nie może cierpieć . Twoja prawda czeka, aby zostać przeżyta teraz. I właśnie to zrobimy.

Wielu sięgnęło po tę książkę, oczekując, że ujawni im sekret systemu. I tak, właśnie to się dzieje. Tylko że nie chodzi o system, o którym myśleli.

System stworzony przez elitę – z jej mediami, rządami, bankami, religiami i strukturami kontroli – ma na celu utrzymanie 98% świata w stanie uśpienia, uwięzionego w negatywnych myślach, strachu i niepewności. To jest system widoczny, zewnętrzny, który można badać, demaskować lub próbować obalić.

Ale jest coś jeszcze bardziej niepokojącego. Zastanów się przez chwilę nad odpowiedzią na pytanie, które przyjdzie Ci do głowy: **co by się stało, gdybyś to Ty sam, nie zdając sobie z tego**

sprawy, zainstalował prawdziwy system, który podtrzymuje ten system?

Nie twierdzę, że jesteś jednym z „nich". Twierdzę jedynie, że zasypiając, zaakceptowałeś warunki gry, nie zapoznawszy się z jej zasadami. Za każdym razem, gdy włączałeś telewizor, gdy bez pytania wykonywałeś polecenia, gdy pragnąłeś tego, czego ci kazano pragnąć, gdy powtarzałeś to, czego nie rozumiałeś... podsycałeś go. Nie stworzyłeś zewnętrznej Matrix, ale stworzyłeś swoją zgodność z nią. Zbudowałeś sobie idealne łóżko w tym więzieniu.

I tu zaczyna się to, co naprawdę ważne.

Rozumiem ciekawość odkrywania ukrytych wątków świata. Ja też chciałem wiedzieć wszystko. Ale im więcej badałem, tym więcej pytań pojawiało się w mojej głowie. Aż zrozumiałem, że prawdziwym systemem, który powinienem zlikwidować, jest mój własny: ten wewnętrzny, który tworzy moją rzeczywistość.

W tym momencie musimy być brutalnie szczerzy: czy naprawdę chcesz zrozumieć, jak działa system zewnętrzny i „rozmontować" go? A może chcesz być, robić i mieć to, czego zawsze pragnąłeś?

Ego łatwo się wkrada. Wszyscy przez to przechodziliśmy, niezależnie od naszego statusu w tym świecie. Wszyscy mamy ego, nikomu nie nauczono nas ani odrobiny prawdy... ale oto jesteśmy, razem, ujawniając to światu.

Ponieważ system, który tworzy wszystkie systemy – filtr, przez który interpretujesz życie – jest twoim własnym.

Wielkoskalowy eksperyment przeprowadzono w Waszyngtonie między 7 czerwca a 30 lipca 1993 r. ( ), kiedy to około 4000 praktykujących medytację zgromadziło się w mieście w ramach prospektywnego projektu opartego na hipotezach i wcześniejszych badaniach naukowych.

Autorzy stwierdzili, że w okresach największej frekwencji liczba przestępstw z użyciem przemocy wobec osób spadła nawet o 23,3% (a całkowita przemoc wykazała spadek o około 15–24% według analiz), a wyniki były statystycznie istotne.

Oficjalna interpretacja była jasna: zmiany w „świadomości zbiorowej" – nazywane przez nich efektem Maharishi – wiązały się z mierzalnym spadkiem przemocy.

I tak: wyniki te wywołały debatę akademicką – są zwolennicy, którzy powtarzają analizy, są też krytycy metodologii i prośby o niezależne powtórzenia – ale dla Ciebie kluczowa jest praktyczna lekcja: jeśli zbiorowa świadomość wykazała statystyczny wpływ na przemoc w stolicy, to rozbrojenie wewnętrznego systemu nie jest zwykłą filozofią: jest to dźwignia o mierzalnych konsekwencjach.

Więc teraz przeanalizujemy system wewnętrzny (ten, który rzutuje na system zewnętrzny), aby zrozumieć, w jaki sposób sam tworzysz swoją rzeczywistość na swój obraz i podobieństwo.

Proces tworzenia umysłowego:

- Twoje myśli powodują, że czujesz się w określony sposób.
- Twoje uczucia sprawiają, że odczuwasz określone emocje.
- Twoje emocje skłaniają cię do podejmowania działań zgodnych z tym, co czujesz.

- Twoje działania generują konkretne doświadczenia w Twoim życiu.

- Twoje doświadczenia przekonują cię, że życie jest takie, a nie inne, przez co zaczynasz wierzyć w pewne rzeczy na temat siebie i świata.

- Jego przekonania, w tej ostatniej i pierwszej fazie, sprawiają, że myśli w określony sposób o życiu i w konsekwencji tworzy każdy szczegół tego, co widzi, zgodnie z własnym obrazem.

A wiecie, co jest najbardziej szokujące? To, że jest to cykl! Nie zatrzymuje się... dopóki nie zrobi się czegoś innego w którymś ogniwie łańcucha. Właśnie to zaproponowałem w poprzednich akapitach.

Czy wyobrażasz sobie, jak mogłoby się zmienić twoje życie, gdybyś zaczął zwracać uwagę na to, co myślisz? Albo gdybyś był świadomy swoich uczuć, emocji, działań, doświadczeń i przekonań?

Ten system, który rządzi twoim życiem, rzutuje się na to, co widzisz na zewnątrz. Dlatego ludzie nie widzą tego, co dzieje się na zewnątrz: widzą to, co rzutują z wnętrza, zgodnie z każdym ogniwem tego łańcucha.

Podzielę się z tobą tym, co odkryłem na temat systemów zewnętrznych i jak obserwować je z szerszej i ewolucyjnej perspektywy, aby zrozumieć świat, w którym się poruszasz. Ale jeśli nie zrekonfigurujesz swojego własnego systemu... zrozumienie innych nie będzie miało żadnego sensu. Jedynym, komu to pomoże, będzie diabeł, ponieważ sprawi, że skończysz z większym strachem, większymi wątpliwościami... i dryfowaniem.

Oto obszary, od których zalecam zacząć pracę, aby zharmonizować swoją Istotę i przestać błąkać się bez celu przez życie. Cokolwiek robisz, kimkolwiek jesteś, jest to podstawa, na której opier ny sukces w każdej dziedzinie. Omówimy każdy punkt szczegółowo, aby było to proste i abyś mógł już dziś zacząć kierować swoją rzeczywistość w stronę wyższego stanu.

Podstawy spójnego i zharmonizowanego systemu wewnętrznego:

1. Świadome odżywianie
2. Trening fizyczny
3. Służba innym
4. Wysokie nawyki

1. Dieta świętej istoty:

Nie doceniamy tego, jak łatwo jest rozpraszać się jedzeniem i z czystej ignorancji nie doceniamy tego, co wprowadzamy do naszej świątyni: ciała.

Kto objada się jedzeniem, bezsensownie miesza produkty spożywcze, przejada się lub nie odżywia swojego ciała prawidłowo, prędzej czy później skończy dryfując. Ciało – świątynia ducha, pojazd, którym gramy w tę podwójną grę – zasługuje na traktowanie z największym szacunkiem i zgodnie z najwyższymi standardami, jeśli chcemy rozegrać dobrą partię.

Większość ludzi ma problemy z odżywianiem, co jest zrozumiałe: nikt nie nauczył nas, jak się odżywiać. Stąd bierze się tak wiele chorób, bólu i rozpraszających czynników. Naprawdę nie doceniamy znaczenia jedzenia i tego, jak łatwo dać się zwieść tylko po to, aby zaspokoić pragnienie jedzenia.

Pamiętam, że pewnego dnia miałem zjeść lunch z moją partnerką i znalazłem w lodówce słoik majonezu. Wyjąłem go i pomyślałem: *„Dodam trochę do jedzenia"*. Ale zaraz potem skomentowałem, że to dziwne, że mamy majonez. Przypomnieliśmy sobie, że kilka dni wcześniej byli u nas znajomi i doszliśmy do wniosku, że to oni go kupili. Tak więc, niemal przez przypadek, postanowiłam przeczytać etykietę ze składnikami... i wśród nich znalazł się jeden o nazwie „sekwestrant". Dosłownie. Natychmiast wyrzuciłam słoik do kosza.

Czy wyobrażacie sobie dodawanie „sekwestranta" do jedzenia? Czy wyobrażacie sobie jedzenie czegoś o takiej nazwie?

Nie jest to odosobniony przypadek. Nie chodzi tylko o majonez z „sekwestrantem". Cała branż a spożywcza działa w sposób, który wydaje się wyjęty z filmu o spisku. Nawet opakowania, na których widnieje duży napis „wegańskie", „bezglutenowe", „bez cukru", wystarczy odwrócić i spojrzeć na rzeczywiste składniki, aby zdać sobie sprawę, że to żart. Osobiście stosuję niezawodną zasadę, aby wiedzieć, co kupić, jeśli wybieram coś w opakowaniu: jeśli nie znam nazwy składnika, nie biorę tego. Proste. Po co wkładać do ust rzeczy, których nie znamy?

Jeśli chcemy podejść do sprawy nieco bardziej energetycznie i konspiracyjnie, wystarczy spojrzeć na najlepiej sprzedające się marki na świecie. **Monster Energy** ma logo z trzema liniami przypominającymi hebrajską literę *Vav* (ו), której wartość liczbowa wynosi 6, tworząc liczbę 666. Ich slogan *„Unleash the Beast"* („Uwolnij bestię") jeszcze bardziej wzmacnia tę interpretację.

Oreo ma krzyż templariuszy i symbol koła z punktem w środku, oba związane z ezoterycznymi zakonami.

Kellogg's, założona przez Johna Harveya Kellogga – eugenistę obsesyjnie dążącego do wyeliminowania masturbacji poprzez dietę – czy może być lepsza strategia niż „ " zalanie śniadań milionów ludzi słodkimi płatkami śniadaniowymi?

A to tylko wierzchołek góry lodowej. Nie będę się więcej rozpisywał, ale chcę, abyście zdali sobie sprawę, że to jest rzeczywistość. Im dłużej będziecie nosić opaskę na oczach, tym trudniej będzie wam dostrzec prawdę, ponieważ diabeł codziennie zabiera ją do ust!

Przemysł spożywczy produkuje żywność dla 98% światowej populacji. Jest to branża warta miliardy, której sukces nie polega na karmieniu ludzi, ale na utrzymywaniu ich w stanie choroby, uzależnienia i zależności. Jej produkty nie są stworzone po to, aby nas odżywiać, ale aby *zaspokajać* pragnienia, które często same generują.

Jeśli nadal uważasz, że to wszystko są zbiegi okoliczności, przeprowadź prosty test: weź dowolny produkt z supermarketu i odwróć go. Przeczytaj etykietę.

Zapewniam cię, że twoja świadomość zacznie coraz bardziej kierować cię ku unikaniu pokarmów o niskiej wibracji. Prawda zawsze była przed tobą, ale ignorowałeś ją, ponieważ nigdy nie nauczono cię jej dostrzegać lub ponieważ uważałeś, że nie jest ważne, aby brać za to odpowiedzialność. Spójrz, nie jesteś ciałem: jesteś istotą duchową zamieszkującą ciało. Jesteś energią, częstotliwością i wibracją. Dlatego absolutnie wszystko ma znaczenie. Tak, może to brzmieć ekstremalnie, ale świadome odżywianie jest podstawą istoty, której energia przestaje być mętna i zagmatwana.

Teraz już to wiesz. Pytanie brzmi: co zrobisz z tą informacją?

To nie przypadek, że przez dziesięciolecia priorytetowo traktowaliśmy spożywanie niektórych produktów spożywczych. Nie był to wolny wybór. Zaprogramowano nas jak słonia z liną.

Przemysł spożywczy nie tylko sprzedaje produkty: sprzedaje idee, nawyki i uzależnienia. Robi to poprzez system zaprojektowany tak, abyśmy nigdy nie kwestionowali tego, co jemy.

Spójrzmy na cukier. W latach 60. przemysł cukrowniczy przekupił naukowców z Harvardu, aby opublikowali badania minimalizujące jego związek z chorobami serca i przenoszące winę na tłuszcze. Wynik? Cukier został wprowadzony do praktycznie wszystkich przetworzonych produktów spożywczych i stał się legalnym narkotykiem akceptowanym w każdym domu.

Nazwanie go narkotykiem nie jest przesadą. Cukier i kokaina aktywują te same obwody nagrody w mózgu. Niektóre badania wykazały nawet, że cukier może być bardziej uzależniający, ponieważ wielokrotnie stymuluje uwalnianie dopaminy, powodując cykl kompulsji i abstynencji. Różnica polega na tym, że w przeciwieństwie do kokainy cukier znajduje się w prawie wszystkich produktach spożywczych dostępnych w supermarketach: pieczywie, sosach, sokach, a nawet żywności dla dzieci.

Nie był to błąd: była to strategia. Przemysł cukrowniczy stworzył całe pokolenia uzależnionych, nie wzbudzając niczyich podejrzeń. Nie chodziło o odżywianie, ale o biznes.

To samo stało się z mięsem. Nie wystarczyło, że ludzie spożywali je sporadycznie; przemysł musiał uczynić z niego psychologiczną potrzebę.

Wmówiono nam, że bez mięsa nie ma białka. Że bez białka nie ma siły. A bez siły nie ma życia.

Ale co by było, gdybym powiedział Ci, że to wszystko jest jednym z największych oszustw przemysłu spożywczego?

Pomysł, że potrzebujemy ton białka, został strategicznie wprowadzony przez korporacje mięsne i mleczarsk . W latach 50. Amerykańskie Stowarzyszenie Hodowców Bydła wydało miliony dolarów na reklamy z hasłami typu *„Beef. It's what's for dinner"* („Wołowina. To jest to, co jest na obiad"). W Europie Unia Europejska sfinansowała kampanie mające na celu odwrócenie spadku spożycia mięsa i zapewnienie popytu.

Rzeczywistość jest jednak inna. Białko znajduje się wszędzie: w owocach, warzywach, orzechach, roślinach strączkowych. Nie musimy spożywać go w nadmiarze, a tym bardziej polegać wyłącznie na białku zwierzęcym. Nadmiar nie zamienia się w mięśnie, ale w glukozę; obciąża nerki i zakwasza organizm, zwiększając ryzyko chorób metabolicznych.

Kto więc zyskuje na tym, że uważasz, że potrzebujesz tak dużo białka? Zastanów się. Nic z tego nie jest przypadkiem.

Nie zapominajmy też o śniadaniu. Wmówiono nam, że jest to „najważniejszy posiłek dnia", ale pomysł ten nie pochodzi z nauki, lecz z marketingu płatków śniadaniowych.

To John Harvey Kellogg, założyciel firmy Kellogg's, promował tę ideę, nie ze względów zdrowotnych, ale jako strategię tłumienia popędu seksualnego. Według niego płatki śniadaniowe były „idealną dietą dla czystości" i sposobem na „kontrolowanie pożądania". Od tego czasu śniadanie stało się obowiązkowym rytuałem, wzmocnionym przez dziesięciolecia reklam płatków śniadaniowych, nabiału i przetworzonych soków.

Nie mówi się jednak o tym, że pominięcie śniadania może być najlepszą rzeczą, jaką można zrobić dla swojego zdrowia.

Okresowy post — wydłużanie czasu między posiłkami — okazał się jedną z najskuteczniejszych praktyk zmniejszających stan zapalny, poprawiających wrażliwość na insulinę i zwiększających długowieczność. Podczas postu organizm uruchamia proces zwany **autofagią**, w ramach którego usuwa uszkodzone komórki i regeneruje tkanki.

Jeśli śniadanie byłoby tak ważne, jak nam wmawiano, dlaczego nasz organizm lepiej reaguje, gdy nie jemy rano?

W ten sposób marketing zhakował naszą biologię i kulturę. Przekonano nas, że niektóre produkty spożywcze są niezbędne, podczas gdy w rzeczywistości były one narzędziami masowej manipulacji.

Co byś jadł, gdyby nikt cię nie programował?

Przez większość życia priorytetowo traktowałem węglowodany, rafinowane cukry, mąki, mięso i wszelkiego rodzaju produkty spożywcze, nie wiedząc, co naprawdę zawierają ani jak są wytwarzane. Prowadziło to do ciągłych zaburzeń równowagi hormonalnej, rozpraszania uwagi jedzeniem, nadmiernego jedzenia lub sztywnego przestrzegania harmonogramów, aż stałem się od nich zależny. Denerwowało mnie, jeśli nie jadłem lunchu punktualnie o 12. Stawiłem jedzenie na piedestale, ale nie miałem żadnej wiedzy na temat jego składników. Rezultat: ciało, za które nie byłem wdzięczny, życie, które mnie nie honorowało, i niespójna rutyna.

Po latach próbowania różnych diet zrozumiałem coś istotnego: nie ma diety, którą można by utrzymać w dłuższej perspektywie. Dlaczego? Ponieważ sam czas nie jest trwały; jest konstrukcją naszego ego. Wszystko, co umieszczasz w czasie, umieszczasz w przestrzeni przeznaczonej na cierpienie, ponieważ jedyną stałą rzeczą w czasie jest zmiana.

Więc co robimy? Jak powiedział Nikola Tesla: *„Jeśli chcesz zrozumieć sekrety wszechświata, myśl w kategoriach energii, częstotliwości i wibracji"*. I właśnie to zacząłem stosować w odniesieniu do jedzenia.

Zacząłem priorytetowo traktować pokarmy o wysokiej kalibracji energetycznej, jednocześnie codziennie słuchając swojego ciała. Stopniowo zacząłem rzucać światło na swoje lęki i niepewności, aby zrozumieć, czego naprawdę potrzebuję. Przestałem oceniać godziny posiłków, przestałem się denerwować, przestałem stawiać jedzenie na piedestale. Moje życie stało się prostsze, bogatsze i zaczęłam używać jedzenia tylko wtedy, gdy służyło ono wyższemu celowi. Krótko mówiąc: przestałam priorytetowo traktować ego i przywiązania.

W dalszej części tej książki opowiem, jak wyleczyć każdą chorobę z psychologicznego i duchowego punktu widzenia. Ale jeśli już dziś zaczniesz priorytetowo traktować świadome, alkaliczne i wysoko wibrujące odżywianie, słuchając głosu swojej świadomości w każdej chwili, rezultaty w postaci jasności umysłu, duchowej więzi i uzdrowienia będą czymś, czego nigdy wcześniej nie doświadczyłeś.

Ciało, które nie jest traktowane z szacunkiem, karmi umysł niezdolny do traktowania z szacunkiem siebie samego i innych. Ciało odłączone od Źródła jest ciałem oddzielonym od Nieskończonego Źródła, skazanym na akceptowanie tego, co „mu się należy", zamiast domagać się tego, czego naprawdę chce od życia.

Nie możemy jednak być zharmonizowani fizycznie, umysłowo i duchowo, jeśli nie zaprowadzimy porządku. Chaos zawsze następuje po nieporządku. Oto prosty przewodnik, który pomoże

Ci zarządzać tym, co jesz, i uświadomić sobie, czego potrzebuje Twoje ciało, aby codziennie funkcjonować z energią.

Przewodnik po opanowaniu odżywiania i utrzymaniu porządku w świątyni fizycznej:

1. Oblicz, ile makroskładników odżywczych potrzebujesz dziennie (możesz wyszukać w Google „*kalkulator makro*"). Dzięki temu dowiesz się, ile jeść, aby osiągnąć swój cel: utrzymać aktualną wagę, schudnąć lub przytyć.

2. Użyj aplikacji takiej jak *MyFitnessPal*, aby rejestrować makroskładniki (tłuszcze, białka, węglowodany) i posiłki. Waga kuchenna będzie Twoim sprzymierzeńcem: zważ jedzenie, dodaj je do aplikacji i gotowe. Jeśli wolisz inną aplikację, nie ma znaczenia: najważniejsze jest rejestrowanie. Wydaje się to ekstremalne, ale tak nie jest. Prawda jest taka, że nie umiesz się odżywiać i musisz zacząć porządkować swoje życie. Koniec z dryfowaniem.

3. Unikaj pokarmów o niskiej wibracji, które zaburzają równowagę organizmu: czerwonego mięsa, drobiu, ryb, przetworów, produktów pochodzenia zwierzęcego, wędlin, cukrów, mąki pszennej lub kukurydzianej, rafinowanych olejów itp.

4. Zawsze sprawdzaj, co kupujesz w supermarkecie. To pułapka dla śpiących. Nie pozostawiaj niczego przypadkowi.

5. Stawiaj na produkty roślinne, takie jak owoce, warzywa, orzechy, kiełki. A jeśli chcesz pójść o krok dalej, spróbuj surowej diety wegańskiej.

6. Zmniejsz liczbę posiłków dziennie. Spróbuj maksymalnie trzech.

7. Od czasu do czasu stosuj post wodny lub herbaciany lub kilka razy w tygodniu praktykuj przerywany post trwający od 14 do 16 godzin, aby oczyścić organizm.

8. Odważ się na dłuższe posty: jeden dzień, dwa, trzy lub więcej. Słuchaj swojego ciała i swoich obaw i zawsze rób to z jasnym zamiarem, aby podnieść cel.

9. Nie mieszaj nadmiernie produktów spożywczych. Nie łącz owoców z mąką ani białek ze skrobią. Nie przeładowuj talerza zbyt wieloma różnymi grupami produktów. Jedz prosto: jedna grupa produktów spożywczych na raz.

10. Zmniejsz liczbę składników w posiłku. Sprawdź, ile ich masz na talerzu i zmniejsz ich liczbę do 5 lub 7, a najlepiej do 3. Często te „mega zdrowe sałatki" są w rzeczywistości bombami trawiennymi.

Pamiętaj: nie chodzi o to, aby stać się idealnym z dnia na dzień, ale o to, aby zwiększać swoją częstotliwość dzień po dniu. Nie musisz robić wszystkiego od razu; dopiero się tego uczysz. Bądź cierpliwy. Prawda ma nieubłaganą moc: kiedy już ją poznasz, nie możesz się przed nią ukryć. To tak, jakbyś zdjął opaskę z oczu i ujrzał rzeczywistość – nawet jeśli zdecydujesz się ją ponownie założyć, nie będziesz w stanie wymazać tego, co zobaczyłeś.

Przejdźmy teraz do drugiego punktu, aby osiągnąć pełną harmonię swojej Istoty.

2. Najwyższy pojazd energetyczny, jaki istnieje:

Twoje ciało nie jest tylko pojazdem fizycznym, jest anteną, która odbiera, kieruje i emituje energię. Od momentu przebudzenia do zaśnięcia pochłania i emituje częstotliwości.

Jest coś, co niewielu rozumie: kiedy poruszasz swoim ciałem, rekonfigurujesz swoje pole energetyczne.

Pomyśl o naturze: nic we wszechświecie nie jest nieruchome. Galaktyki obracają się, rzeki płyną, wiatr nieustannie się porusza. Życie to energia w ruchu. Tak samo jak twoje ciało.

Oto kluczowa kwestia: świadomy ruch nie tylko wzmacnia fizycznie, ale także synchronizuje energię z wyższymi wibracjami.

Dlatego od teraz będziesz trenować, aby przekroczyć granice.

Nie będziesz tego robić, aby lepiej wyglądać.

Nie będziesz tego robić, aby zwiększyć swoją wydajność.

Będzie to robić, aby przypomnieć sobie, kim jest.

Nie ma znaczenia, jaki sport wybierzesz; od tej pory wszystko, co będziesz robić, będzie oparte na tej zasadzie: **umysł ponad materią**.

Za każdym razem, gdy będzie trenował, jego intencją będzie uwolnienie się od blokad, pozbycie się tego, co nie należy do niego i ponowne połączenie się ze swoją esencją. Aby to osiągnąć, jego trening musi odbywać się z **całkowitą obecnością**.

Kiedy trenujesz, daj z siebie wszystko.

Trenowanie z uśpionym ciałem jest tym samym, co modlitwa bez wiary. Jeśli zamierza się poruszać, niech porusza się z intencją.

Jak będzie wyglądał Twój trening?

Będziesz trenować dwa razy dziennie.

- **Pierwsza sesja:** będzie twoim zakotwiczeniem w teraźniejszości. Fizyczna struktura, która przypomni twojemu umysłowi, że to ty masz kontrolę. Zrób to jak najwcześniej: będzie to twoja pierwsza korzyść dnia, twoja pierwsza inwestycja w tę kulę pozytywnych myśli, która będzie rosła coraz bardziej.

- **Druga sesja:** będzie twoim portalem energetycznym. Nie będzie miała na celu poprawę twojej kondycji fizycznej, ale podniesienie twojej częstotliwości wibracyjnej. Wykonasz ją, gdy poczujesz się odłączony, zmęczony lub uwięziony w niskich wibracjach. Nie ma znaczenia, czy potrwa pięć minut, czy godzinę: ważne jest, aby była to czynność ponownego dostrojenia energetycznego.

Każdy ruch będzie afirmacją.

Każdy oddech będzie restartem.

Każda kropla potu będzie blokadą, którą uwalniasz.

Częstotliwość jest wszystkim.

Zaledwie kilka tygodni temu pobiłem swój rekord, który poszerzył moje granice. Zacząłem, mając na celu po prostu „podniesienie swoich wibracji", odblokowywać zdolności, o których nie wiedziałem, że posiadam. Postanowiłem robić pompki przy akompaniamencie piosenki *Bring Sally Up*, słynnego wyzwania, w którym podnosi się, opuszcza, utrzymuje i ponownie podnosi w rytm muzyki.

Na początku nie byłam w stanie wytrzymać trzech i pół minuty trwania piosenki, więc postanowiłam robić to codziennie. Dwa tygodnie później udało mi się wykonać dwie piosenki pod rząd. Tak, to oznacza, że w ciągu kilku tygodni przeszłam od niezdolności do wytrzymania trzech minut do wykonania ponad sześciu.

Może się wydawać, że dzięki codziennym ćwiczeniom stałem się silniejszy fizycznie, ale prawda jest taka, że żaden dzień nie był łatwiejszy ani mniej bolesny. Za każdym razem, gdy rzucałem się na podłogę, aby robić pompki, musiałem przezwyciężyć chęć, aby przestać. A kiedy osiągałem swój poprzedni limit, popychałem się nieco dalej.

W momencie, w którym wydaje ci się, że nie dasz już rady, kiedy wszystko w tobie krzyczy, żebyś przestał... wtedy następuje ekspansja.

Wielu twierdzi, że cuda nie istnieją. Ja myślę sobie:

> *„Cudów nie można oczekiwać. Powstają one, gdy zmieniasz sposób postrzegania rzeczywistości".*

Kiedy przestajesz biernie obserwować życie i przyjmujesz aktywną postawę transformacji, wszechświat odpowiada.

Działanie budzi wiarę. Ponieważ wiara bez działania jest martwą wiarą.

3. Co robi Syn Boży

Teraz w końcu mamy podstawy, aby stać się Synami Boga i zrozumieć nasz cel jako ludzi. Powyższe punkty były kluczowe dla osiągnięcia tego poziomu świadomości i to właśnie zastosowanie tych punktów pozwala wielu doświadczać bogactwa i obfitości we wszystkich dziedzinach życia. Ci, którzy je ignorują, po prostu pozostają poniżej swoich możliwości.

> *„I nie zapominaj o tej świętej zasadzie: dawanie i otrzymywanie to dwa bieguny tej samej częstotliwości.*
>
> *Kiedy dajesz z prawdziwą intencją, nieuchronnie otrzymasz z obfitości. Nie dlatego, że tego oczekujesz, ale dlatego, że dostosowujesz swoją energię do Uniwersalnego Prawa Cyrkulacji.*
>
> *Otwórz swoje serce na otrzymywanie miłości, uznania, pieniędzy, wdzięczności i wszystkiego, co wszechświat pragnie ci zwrócić za twoją służbę".*

Kto nie żyje, aby służyć, nie nadaje się do życia.

Najgłębszym celem człowieka jest dawanie. Służenie to pozwalanie energii życia przepływać przez ciebie bez oporu. Nie ma znaczenia, jak to robisz, ponieważ jedyną energią, która nigdy się nie wyczerpuje, jest ta, którą przekazujesz z czystą intencją.

W książce *„Prawo* Jedności" Ra (istota energetyczna przekazująca informacje naukowcom) ujawnił, że ewolucja duszy dzieli się na dwie ścieżki: służbę innym i służbę sobie. Pierwsza z nich prowadzi do ekspansji i jedności ze stworzeniem. Druga prowadzi do stagnacji i odłączenia. Im więcej służysz, tym bardziej podnosisz swoją częstotliwość, tym bardziej dostosowujesz się do prawdy i tym lżejsza staje się twoja droga.

David Hawkins, lekarz i naukowiec, twórca **Mapy Świadomości**, wykazał, że emocje i stany wewnętrzne mają mierzalną wibrację. Podczas gdy strach i apatia rezonują nisko, miłość i spokój wibrują wysoko. Bezwarunkowa służba jest kluczem, który odblokowuje te częstotliwości. Ponieważ dawanie to nie tylko czynność: to kalibracja energetyczna. Kiedy dajesz bez oczekiwania, automatycznie wznosisz się na wyższy poziom.

Zastanów się przez chwilę: kiedy czułeś się najbardziej spełniony, związany z życiem, miłością i oddaniem? Kiedy dajesz, czy kiedy otrzymujesz?

Wszyscy doświadczyliśmy obu tych sytuacji, ale często mylimy się, wierząc, że naszym zadaniem jest otrzymywanie, podczas gdy w rzeczywistości jest to naturalny efekt dawania!

Żyjemy obecnie w naprawdę wspaniałych czasach. Wielu krytykuje media społecznościowe za ilość dezinformacji i pustych treści, które w nich krążą. Jednak niewielu zrozumiało, że mogą one stać się motorem zmian, wypełniając algorytmy prawdą.

Jeśli jedna wiadomość może zmienić życie, wyobraź sobie, co może zrobić, jeśli dotrze do tysięcy osób. Pomyśl o tym: gdybym nie przeszedł przez niewygodny proces pisania tych słów, publikowania ich i przekazywania Ci za pomocą strategii rozpowszechniania, nigdy nie przeczytałbyś tych informacji. Wszystko stało się dlatego, że wykorzystałem sieci społecznościowe w celu znacznie większym niż rozrywka lub rozproszenie uwagi. I właśnie to powinieneś teraz robić.

Wiem, że być może jeszcze tego nie doceniacie, ponieważ zazwyczaj potrzebujemy perspektywy czasu, aby spojrzeć wstecz i potwierdzić postępy. Jestem jednak tak pewien, że po przeczytaniu i zastosowaniu tej prawdy wasze życie zmieni się radykalnie, że chcę zaproponować wam coś, co pomoże wam rozwinąć waszą duszę: **udokumentujcie swoją przemianę**.

Nie z egoizmu, ale z zamiarem zainspirowania innych do życia bez strachu, do zabrania głosu i przeciwstawienia się programowaniu „ ". Za każdym razem, gdy dzielisz się swoją prawdą, zachęcasz innych do przypomnienia sobie o swojej.

„Po owocach ich poznacie. Czy zbiera się winogrona z cierni lub figi z ostów?"

(Mateusz 7:16, Biblia Tysiąclecia)

To, co masz dzisiaj w swoim życiu, jest konsekwencją twojej przeszłości. A twoja przyszłość będzie konsekwencją twojej teraźniejszości, która – dzięki temu kontekstowi Prawdy – będzie o wiele lepsza, niż możesz sobie teraz wyobrazić.

Nieświadome działanie, jakie ta książka wywiera na ciebie, nie jest mierzalne żadnym z pięciu zmysłów, z wyjątkiem szóstego: tego, który jest bezpośrednio powiązany z Bogiem. Aby go aktywować, musisz zaufać temu, czego jeszcze nie widzisz. Zaufaj tym słowom, że to, czego się uczysz, co czujesz i czego doświadczasz, ma wyższy sens. Ponieważ nie ma żadnego przypadku, że to czytasz. Żadnego.

> *„Abyś mógł dziś żyć, musiała się złożyć seria tak nieprawdopodobnych wydarzeń, że wydaje się absurdalne, że w ogóle miały one miejsce.*
>
> *Tylko w ciągu ostatnich 12 pokoleń ponad 4094 bezpośrednich przodków musiało się spotkać, połączyć i rozmnażać w dokładnie tym samym momencie. Jeśli cofniemy się zaledwie o 1000 lat, mówimy o ponad milionie osób związanych z twoją bezpośrednią linią rodową.*

Dodajmy do tego: prawdopodobieństwo, że konkretny plemnik zapłodni komórkę jajową, wynosi 1 do 400 milionów. Pomnożone przez każdą udaną poczęcie w twoim rodowodzie daje prawdopodobieństwo mniejsze niż 1 na 10^{100000} (tak, 1 z następującymi po nim stu tysiącami zer). Nie uwzględniając wojen, epidemii, poronień, wypadków, drobnych decyzji, które mogły zmienić wszystko.

Jesteś tutaj, a to sprawia, że jesteś statystycznym cudem. Nie przez przypadek, ale dlatego, że twoje istnienie musiało nastąpić".

To, że to czytasz, oznacza tylko jedno: pokonałeś wszelką logikę prawdopodobieństwa.

Uczcijmy to. Uczcijmy jedność i ekspansję jego duszy. Oprócz udokumentowania jego przeszłości (na poziomie fizycznym, umysłowym i duchowym), jeśli coś w tej książce wywarło na Tobie wrażenie, podziel się tym. Nie zatrzymuj tego, co może obudzić kogoś innego. Historia, post, wiadomość do właściwej osoby we właściwym momencie, a nawet podarowanie tej książki komuś, kto czuje, że jej potrzebuje. Informacje, które są dzielone, rozprzestrzeniają się, a co za tym idzie, rozprzestrzenia się również Istota, która je przekazuje.

„Za każdym razem, gdy dajesz, możesz zacząć od nowa. Za każdym razem, gdy służysz innym, twoje życie uzdrawia się i staje się jednością z Bogiem".

4. Siła podtrzymywania prawdy

Ile razy czułeś prawdę... a potem ją utraciłeś?

Wielu jest obdarzonych objawieniami, chwilami jasności lub duchowym przebudzeniem. Jednak bardzo niewielu udaje się utrzymać tę boską więź. I właśnie tego nauczysz się tutaj: jak ją utrzymać i rozszerzyć daleko poza to, co uważałeś za możliwe.

Prawda to nie tylko chwila zrozumienia; to styl życia. Nie tylko się ją odczuwa: doświadcza się jej w każdej chwili. Aby to osiągnąć, musimy zadbać o to, aby być w odpowiednim polu energetycznym ( ). Nie jest to skomplikowane, ale wymaga rozwinięcia czegoś, co być może dotąd pozostawało w cieniu: konsekwencji.

Nawyki nie są tylko fizyczne. Istnieją również nawyki wewnętrzne: **nawyki myślowe**.

Rozszerzenie swojego życia, poprawa każdego obszaru i życie w harmonii z Bogiem wymaga utrzymania wysokiej częstotliwości. Wszyscy zostaliśmy obdarzeni mocą myśli. Mówię o mocy, ponieważ działa ona zarówno w negatywnym, jak i pozytywnym sensie. Jednak, jak się przekonasz, pozytywna myśl zawsze będzie znacznie potężniejsza niż negatywna.

Rutyna, którą zamierzam Ci przedstawić, jest prosta, ale głęboka. A co najważniejsze: działa. Nie musisz odkrywać Ameryki, wystarczy ją zastosować i sprawdzić na własnym doświadczeniu. Informacja przestaje być teorią, gdy przechodzi przez Twoje życie.

> *„Wcielaj prawdę, a prawda stanie się twoim przewodnikiem".*

To, co robisz dzisiaj, buduje twoją przyszłość, tak samo jak twoja teraźniejszość została ukształtowana przez to, co zrobiłeś wczoraj. Uporządkowane życie nie uchroni cię przed chaosem, ale uodporni cię na niego.

Większość ludzi czuje się zagubiona, ponieważ nie ma struktury. Wstają o dowolnej porze, robią wszystko i w konsekwencji myślą o wszystkim... co prowadzi ich do osiągnięcia wszystkiego, z wyjątkiem tego, czego naprawdę pragną.

Dlatego jeśli chcesz grać po stronie Aktywnej Nieskończoności, potrzebujesz absolutnego zaangażowania. Poniżej znajdziesz krok po kroku plan działania, który pomoże Ci uporządkować swoje życie już dziś.

Oczywiście, jeśli nigdy wcześniej nie miałeś struktury, zacznij spokojnie. Nie chodzi o narzucanie sztywnych harmonogramów, ale o stworzenie energetycznego **kręgosłupa** w ciągu dnia. Jeśli przytłacza Cię rozpoczęcie od razu, zacznij od jednego elementu: na przykład wczesnego wstawania i treningu. Następnie dodaj czytanie. I tak krok po kroku.

Przykładowa rutyna energetyczna dostosowana do Prawdy:

Dostosuj ją do swojego etapu życia. Prawda nie jest strukturą: jest częstotliwością, którą ucieleśniasz.

Życie w zgodzie z Prawdą nie oznacza ścisłego harmonogramu, ale stałą obecność w ciągu dnia. Nie ma jednej właściwej rutyny, ale są działania, które podnoszą, oczyszczają i łączą. Poniżej znajdziesz propozycję organizacji dnia z **aktywnej strony Nieskończoności**, nie z wymogu, ale z zaangażowania w swoją energię.

Jeśli ci to pomaga, użyj tego jako przewodnika. Jeśli jesteś na innym etapie, wybierz tylko to, co do ciebie przemawia. Ważne jest, aby każdego dnia dostosowywać ciało, umysł i ducha do Źródła.

PORANEK: Aktywacja Istoty

- **4:30 – 5:00** → Świadome przebudzenie. Zacznij dzień bez rozpraszania uwagi. Jeśli ten harmonogram wydaje Ci się dziś odległy, dostosuj go stopniowo. Kluczowa nie jest godzina, ale czynność: przebudzenie się z intencją.

- **5:00** → Aktywność fizyczna. Trenuj. Nie ma znaczenia, jaką metodę wybierzesz: spacery, ciężary, joga, kalistenika. Wykorzystaj swoją energię. Masz dwie opcje: albo od razu przystąpisz do intensywnego treningu, albo zaczniesz od ćwiczeń ruchowych, a później, w ciągu dnia, wykonasz swój pierwszy intensywny trening.

- **6:30** → Pisanie + wdzięczność. Zapisz swoje cele, określ swój cel, podziękuj za co najmniej trzy rzeczy. Przypomnij sobie, kim jesteś. Staraj się robić to długopisem na papierze. Generuje to znacznie więcej połączeń neuronowych niż robienie tego cyfrowo.

- **7:00** → Świadome czytanie. Przeczytaj książkę, która poszerzy Twoje horyzonty. Odżywiaj swój umysł, zanim wystawisz się na działanie świata zewnętrznego. Poświęć co najmniej 30 minut na inspirującą i świadomą lekturę.

POPOŁUDNIE: Ukorzenienie i służba

- **12:00 – 14:00** → Świadome odżywianie. Jedz z pełną świadomością. Wybieraj produkty o wysokiej wibracji. Żuj powoli. Słuchaj swojego ciała.

- **15:00 - 17:00** → Służba / Projekt. Dziel się, twórz, służ. Ten przedział czasowy jest idealny, aby dzielić się swoją prawdą ze światem.

- **16:00 - 18:00** → Drugi ruch. Może to być cardio, rozciąganie, chodzenie boso lub po prostu taniec. Uwolnij napięcia.

WIECZÓR: Integracja i kontemplacja

- **19:00** → Lekka i wczesna kolacja. Priorytetem jest czyste trawienie, aby zapewnić sen głęboki. Nie śpij z pełnym żołądkiem.

- **20:30** → Rytuał zamknięcia. Wyłącz Wi-Fi. Przełącz telefon w tryb samolotowy. Czytaj, pisz, kontempluj, medytuj lub po prostu oddychaj.

- **21:00** → Odpoczynek. Jakość snu określa jakość Twojej percepcji. Oddaj się odpoczynkowi tak, jak ktoś oddaje swoją duszę Bogu.

Oto, co polecam:

Zacznij od jednego bloku. Może to być po prostu wcześniejsze wstawanie. Albo zapisanie myśli. Albo wyłączenie Wi-Fi przed snem. Trwała czynność jest warta więcej niż porzucona idealna rutyna.

Nie chodzi o kontrolę. Chodzi o dostosowanie się do Źródła i codzienne przypominanie sobie, kim jesteś.

„Jeśli ta rutyna jest tak dobra, tak potężna, dlaczego system jej nie zaleca? Dlaczego nie uczy się nas tych wzniosłych nawyków od najmłodszych lat?".

Odpowiedź znajduje się w pytaniu. Ale rozbijmy je na części:

1. Ponieważ ta rutyna czyni cię suwerennym.

Człowiek, który wstaje wcześnie z własnej woli, trenuje swoje ciało, porządkuje swoją energię, myśli samodzielnie, jest wdzięczny, czyta, medytuje, kontempluje, dzieli się swoją prawdą... jest człowiekiem, który nie potrzebuje być rządzony z zewnątrz. Jakie ograniczenia mógłby mieć? Co byłoby dla niego niemożliwe?

2. Ponieważ ta rutyna dezaktywuje strach.

Osoba, która rozpoczyna dzień spokojnie, z wewnętrznym celem i kierunkiem, nie potrzebuje zewnętrznych bodźców, aby czuć się żywą. Jeśli nie ma strachu, nie ma kontroli. Jeśli nie ma niepokoju, nie ma konsumpcji. Jeśli nie ma wewnętrznego chaosu, nie ma uzależnienia od systemu.

3. Ponieważ ta rutyna wzmacnia dyscyplinę duchową.

A to czyni ją niebezpieczną dla systemu. Ponieważ osoba zdyscyplinowana duchowo wykrywa pułapki, przewiduje oszustwa i nie negocjuje swoich wartości dla wygody.

4. Ponieważ ta rutyna ujawnia grę.

Kiedy zaczynasz tak żyć, wszystko, co wcześniej wydawało się „normalne", zaczyna wydawać się absurdalne. Późne zasypianie, oglądanie śmieci, objadanie się cukrem, tracenie czasu w sieciach społecznościowych, bieganie bez celu, bezsensowne zakupy... wszystko zaczyna się rozpadać. A kiedy rozpada się postać, pojawia się dusza.

5. Ponieważ system potrzebuje funkcjonalnych ludzi, a nie przebudzonych.

Szkolą nas, abyśmy byli wydajni, a nie abyśmy pamiętali, kim jesteśmy. Uczą nas, abyśmy lepiej pracowali, a nie abyśmy lepiej żyli. Oklaskują nas, gdy produkujemy, ale uciszają, gdy kwestionujemy. Ta rutyna jest przeciwieństwem: produkuje świadomość, a nie produktywność. Dlatego jej nie uczy się.

> *„Ponieważ ta rutyna nie służy systemowi... rozbija go. Nie trenuje do wydajności wobec świata. Trenuje do poddania się Bogu".*

Ważne jest, aby podkreślić, że rutyna nie jest karą. Jest to struktura, która wspiera twoją przemianę. Kiedy priorytetem staje się twoje dostosowanie, wzrost staje się nieunikniony. A dzięki tym małym działaniom zaczyna się efekt „kuli śnieżnej", który prowadzi cię do osiągnięcia wielkich rzeczy, kiedy najmniej się tego spodziewasz... a przynajmniej do słuchania Boga, który poprowadzi cię do nich.

Kluczowe punkty tej rutyny:

- Ćwicz dwa razy dziennie: rano i po południu, aby zrekalibrować swoją energię.

- Bądź świadomy tego, co jesz. Uprość swoje posiłki, aby jedzenie było przyjemnością, a nie rozrywką.

- Podziel się swoim procesem w mediach społecznościowych. Nie z powodu ego, ale ze względu na wpływ. Twoja przemiana inspiruje innych do przełamania swojego schematu. Twoja osobista marka jest najcenniejszym zasobem, jaki posiadasz: wykorzystaj ją.

- Słuchaj siebie. Świadomość jest filtrem, który przekształca codzienność w coś świętego.

- Nie jedz śniadania od razu. Nie musisz jeść zaraz po przebudzeniu. Jeśli wolisz, poczekaj do godziny 10:00 i jako pierwszy posiłek wybierz zdrowe tłuszcze i białka lub produkty oczyszczające organizm.

- Wyłączaj urządzenia przed snem lub przełącz je w tryb samolotowy.

- Wyłącz Wi-Fi, gdy nie korzystasz z niego.

- Wyłącz Bluetooth w telefonie, jeśli nie jest potrzebny.

- Jeśli używasz słuchawek bezprzewodowych, rób przerwy i daj im odpocząć.

- Spędzaj jak najwięcej czasu na łonie natury.

- Codziennie przechodź od 5000 do 10 000 kroków. Nie tylko wzmacnia to Twoje ciało, ale także porządkuje umysł i daje perspektywę.

Być może ta rutyna będzie dla Ciebie niewygodna. Być może nigdy w życiu nie miałeś takiej struktury. Ale powiem Ci coś: nie ma sensu mówić o prawdach, jeśli po zamknięciu tej książki Twoje życie pozostanie dokładnie takie samo.

Nikt nie uczy nas, jak żyć. Nie otrzymujemy instrukcji obsługi do tej gry. Dlatego nawyki zgodne z wielkością są jedyną rzeczą, która naprawdę zmienia grę, zarówno pod względem duchowym, jak i praktycznym.

To, co otrzymałeś w tej pierwszej części, to dosłownie sztuczki, które pozwolą ci grać w wielkiej lidze. I nie mówię tu o fizycznych, ale o tych, które naprawdę mają znaczenie: duchowych.

Wiesz już, że diabeł czai się w dryfowaniu. Po co więc nadal oddawać mu hołd poprzez bałagan?

Jedyna prawda nie tkwi w tej rutynie, ale w idealnej synchronizacji między twoim **Byciem, Działaniem i Posiadaniem**. A ta rutyna trenuje cię, aby to osiągnąć.

Jeśli nadal czujesz opór, zadaj sobie ostatnie pytanie:

Jeśli nigdy nie byłem zdyscyplinowany i żyłem przypadkowo, co tracę, próbując raz sposób życia, którego nigdy nie próbowałem?

Zazwyczaj chcemy się zmienić, ale wciąż powtarzamy to samo. I nie ma znaczenia, czy odnosisz sukcesy finansowe, ale twoje relacje są fiaskiem: potrzebujesz rutyny. Nie ma też znaczenia, czy panujesz nad swoim ciałem, ale chodzisz bez Boga: potrzebujesz rutyny. Jeśli uważasz się za osobę duchową, ponieważ „rozumiesz", ale twoje konto bankowe jest puste, to właśnie ty najbardziej potrzebujesz rutyny dostosowania się.

Te działania sprawią, że będziesz doskonały we wszystkich dziedzinach, ponieważ robiąc jedną rzecz, robisz absolutnie wszystko.

Teraz masz już wyższe nawyki, aby zharmonizować swoją Istotę i dostroić się do Boga. Ale wspomniałem, że ważne są **nawyki myślowe**. Jakie są więc te nawyki?

Nawyki myślenia, które pozwalają żyć świadomie i codziennie doświadczać Prawdy, są dwa: **konsekwencja i jasność**.

Konsekwencję osiągasz, utrzymując tę rutynę każdego dnia, bez wymówek. Jest to zobowiązanie wobec siebie samego, zaufanie tak wielkie, że nic na ziemi nie może ci go dać, ponieważ tylko od ciebie zależy jego realizacja.

Jasność pojawia się, gdy robisz to, co niewygodne. Wychodząc ze swojej strefy komfortu, poszerzasz pole możliwości, a z tej poszerzonej przestrzeni zaczynasz dostrzegać okazje, otrzymywać objawienia i słuchać uważniej Boga, głosu swojego sumienia i Ducha Świętego.

Ale... jeśli jesteś bardzo zmęczony, a twoje ciało domaga się odpoczynku, czy powinieneś utrzymać tę samą rutynę?

To piękne pytanie, ponieważ ujawnia dwa największe ograniczające przekonania, które rządzą ludzkim umysłem:

1. Przekonanie, że jesteśmy istotami o ograniczonej energii, które męczą się i muszą odpoczywać z konieczności.

2. Wiara, że to ciało rządzi, podczas gdy w rzeczywistości tylko wykonuje polecenia umysłu.

Zobacz: za każdym razem, gdy odczuwasz zmęczenie, znużenie lub zniechęcenie, nie jest to przypadek ani odosobnione zdarzenie. Nie wynika to tylko z tego, że wczoraj intensywnie trenowałeś lub przebiegłeś więcej kilometrów. W gruncie rzeczy zawsze jest to związane z Twoim stanem energetycznym, który determinują Twoje myśli.

Zmęczenie, wyczerpanie, choroba lub kontuzja są konsekwencją nagromadzonych negatywnych myśli. A chęć „odpoczynku" poprzez pominięcie właśnie tej rutyny, która najbardziej podnosi Państwa wibracje, jest w rzeczywistości dalszym inwestowaniem w kulę negatywnych myśli.

Dlatego utrzymanie rutyny jest czymś, co udaje się niewielu. Większość może wstać pewnego dnia o 5 rano, tak. Ale gdy tylko pojawia się dyskomfort, nieoczekiwana zmiana lub zdarzenie zewnętrzne, od razu myślą, że powinni porzucić właśnie to, co najbardziej im przeszkadzało. A prawda jest taka, że ten dyskomfort był idealną okazją do potwierdzenia nowej tożsamości, którą budowali. Była to próba, a nie znak rezygnacji.

Dlaczego tak się dzieje?

Ponieważ od dzieciństwa uczono nas kojarzyć dyscyplinę z obowiązkiem, a nie z rozwojem. Nauczono nas wcześnie wstawać, aby nie opuszczać zajęć lub pracy, nie z szacunku dla ciała lub oddania duszy, ale aby uniknąć kary. Ta kara przebrana za „nieobecność", „upomnienie" lub „wydalenie" utrwaliła przekonanie, że dyscyplina oznacza utratę wolności.

I to jest jedno z najbardziej destrukcyjnych programów systemu.

Bo jeśli uważasz, że dyscyplina cię krępuje, nigdy nie będziesz w stanie utrzymać się na wyższym poziomie. Zawsze wrócisz do wygody. Zawsze wybierzesz łatwą opcję. Będziesz niewolnikiem, który uważa się za wolnego tylko dlatego, że może zdecydować, jaki serial obejrzeć lub co zamówić w aplikacji z jedzeniem.

I tak dalej: ładni i pulchni, jak pingwiny z *Madagaskaru*. Sympatyczni, przystosowani… ale bez prawdziwej suwerenności. Oswojeni wewnątrz, choć buntowniczy na zewnątrz.

Wielu z tych, którzy nazywają siebie „duchowymi", jest w rzeczywistości fałszywymi duchowymi: gromadzą wiedzę, ale bardzo mało ją stosują. Żyją pełni wymówek, aby uzasadnić, dlaczego życie nie daje im tego, czego rzekomo pragną, lub cieszą się, że „nic nie potrzebują" i oczywiście... wszechświat nie daje im nic nowego.

Rutyna, którą proponuję, jest standardem, a nie obowiązkiem. Sugeruję utrzymać ją przez co najmniej 30 dni. Nawet jeśli masz już wysoką rutynę lub próbowałeś tego wcześniej, nigdy nie jest to to samo. Dopiero gdy będziesz w stanie utrzymać codzienną rutynę – a utrzymanie oznacza bycie ponad nią, a nie poniżej – będziesz mógł ją kształtować.

Częstym błędem jest kwestionowanie przed podjęciem działania. To tylko pozbawia cię doświadczenia. Wielu wątpi, czy to zadziała i nawet nie próbuje. Inni kwestionują to trzeciego dnia i zaczynają wprowadzać zmiany. To diabeł puka do drzwi, czekając, aż mu otworzysz.

Trzymaj się mocno, nie tyle samej rutyny, co swojego zobowiązania. Trzymaj się Prawdy, a zobaczysz, jak działa twój system mentalny i jak możesz go wykorzystać do stworzenia życia zgodnego z twoimi najwyższymi standardami.

> *„Jeśli nigdy nie osiągniesz swoich własnych granic, nigdy nie będziesz w stanie wyjść poza swoje obecne podstawy".*

Będzie to niewygodne, owszem. Ale poznasz części siebie, które były uśpione. Zobaczysz, jak pojawia się twój cień, i będziesz miał siłę, aby zapalić światło.

> *„Uważaj na swoje myśli, ponieważ zamienią się one w słowa.*
>
> *Pilnuj swoich słów, ponieważ zamienią się one w czyny.*
>
> *Pilnuj swoich czynów, ponieważ staną się nawykami.*
>
> *Pilnuj swoich nawyków, ponieważ staną się one twoim charakterem.*
>
> *I uważaj na swój charakter, ponieważ stanie się on twoim przeznaczeniem".*

STOP 5: DZIAŁANIE BUDZI WIARĘ

Wszystko, co przeczytasz, zostanie zapisane w Twojej podświadomości w sposób, którego nawet nie zauważysz. Ale jest coś, co może przyspieszyć ten proces: działanie.

Twoje życie może się zmienić, ale pozostanie zwyczajne, jeśli nie włożysz w nie dodatkowego wysiłku. Niezwykłość osiąga się, wkładając w ni . I choć brzmi to motywująco, nie jest to tylko ładne zdanie: w słowie *„atrakcja"* sześć liter tworzy słowo *„działanie"*. Twoje ciało jest wibracją, a wibracja ta zmienia się w zależności od tego, czy je wykorzystujesz, czy nie. Jesteśmy kanałami energetycznymi!

Jeśli więc chcesz połączyć się z nieograniczonym i zachować wiarę w codziennym życiu, musisz się ruszać. Rutyna, którą zaproponowałem, została zaprojektowana tak, aby cały Twój dzień był w ruchu i służbie. Im więcej używasz swojego ciała, tym bardziej jest ono dostępne. Im więcej wkładasz w działanie, tym więcej możesz zrobić.

System natomiast stworzył owce, które wolą podążać za ustalonymi normami, niż myśleć i tworzyć własną drogę. Ponieważ wszystko jest już „gotowe", łatwiej jest to zaakceptować, nawet jeśli nie ma to żadnego sensu. Taki sposób życia sprawia, że 98% ludzkości dryfuje bez celu, podczas gdy pozostałe 2% cieszy się wielkim bogactwem, w tym spokojem ducha.

Kiedy się nie poruszasz, nie produkujesz niczego innego. Wcześniej podzieliłem się z tobą systemem, który wszyscy mamy; nie powiedziałem ci jednak, jak przełamać ograniczające wzorce.

Chciałem poczekać do tego momentu.

Działanie przełomowe jest kluczem do zerwania z zachowaniem lub myśleniem, które sabotuje twój system i czyni go destrukcyjnym. Jeśli działanie podnosi nas do poziomu wiary, musi być intensywne i zgodne z zasadami wysokich wibracji. Dlatego te narzędzia są tak potężne w grze:

1. **Intensywne treningi.** Doprowadzanie umysłu i ciała do granic możliwości poprzez wymagające ćwiczenia budzi wdzięczność, wiarę i połączenie z Nieskończonym Źródłem.

2. **Sesje wdzięczności.** Im więcej jesteś wdzięczny, tym więcej masz miejsca na wdzięczność. Kiedy robisz to w grupie, wibracje mogą osiągnąć poziom bezwarunkowej miłości, jednej z najwyższych częstotliwości świadomości.

3. **Medytacje z celem.** Świadoma wizualizacja z zamkniętymi oczami prowadzi do głębokiego stanu połączenia z Bogiem.

4. **Głębokie i świadome oddychanie.** Świadome oddychanie w dowolnym miejscu i czasie przenosi cię do teraźniejszości, a obecność jest największym darem, jaki mamy.

5. **Połączenie z naturą.** Chodzenie boso, oglądanie wschodu lub zachodu słońca, wizyta nad rzeką lub morzem... wszystko, co łączy cię z ziemią, przypomina ci o wielkości twojej egzystencji.

6. **Zaangażowanie w słowo.** Wzniesione słowa generują wysoką częstotliwość. To, co mówisz, otrzymujesz.

7. **Muzyka o wysokiej częstotliwości.** Jesteśmy dźwiękiem, a to, co słyszymy, ma bezpośredni wpływ na każdą komórkę naszego ciała.

Te elementy są bezpośrednimi motorami niepodważalnego połączenia z Bogiem, naturalnego odkrywania prawdy, która już mieszka w twojej Istocie, oraz wyższych i trwałych stanów świadomości.

Nie ma chorego ciała, braku pieniędzy, problemów w związku ani przedmiotu, które mogłyby powstrzymać kogoś, kto w każdej chwili swojego życia priorytetowo traktuje wzniosłe działania.

W mojej książce *„Jedyny sposób, aby połączyć się ze swoją duszą"* opisałem, jak wyleczyłem intensywną gorączkę w mniej niż cztery godziny, bez leków, oraz inne bóle, których doświadczyłem w ostatnich latach, używając tylko najpotężniejszego lekarstwa, jakie istnieje: świadomości.

My, ludzie, ogromnie nie doceniamy wielkości naszej aury lub pola elektromagnetycznego. Robiąc to, zapominamy, że jesteśmy istotami energetycznymi z ciałem w ciągłej wibracji. Czasami wibrujemy wysoko, innym razem nisko, ale jeśli nauczymy się wykorzystywać świat na swoją korzyść, najniższe stany – wstyd, wina, nienawiść, zemsta, gniew, smutek – i ich konsekwencje – ubóstwo, choroba, osądy, lęki – zaczynają znikać jeden po drugim.

Być może w tej chwili odważyłeś się już zdjąć opaskę z oczu i każde słowo rezonuje w twoich komórkach jak światła, które oświetlają przestrzenie, które wcześniej wydawały się puste. A może nadal jesteś niechętny tym ideom. Tak czy inaczej, to nie jest twój punkt końcowy.

Przechodzimy przez liniowość gry: od A do B, od B do C. Gdy uporządkujesz swoje myśli i podstawy duchowe, będziesz gotowy, aby doświadczyć cudów, kwantowych skoków, spontanicznych uzdrowień i, oczywiście, Jedynej Prawdy w każdej chwili.

To, co widziałeś do tej pory, choć zawiera Uniwersalne Prawa i zaawansowane koncepcje duchowe, jest logicznym i prostym procesem. Co ciekawe, często wywołuje ono konflikt u osób, które uważają się za „bardziej zaawansowane duchow ", ponieważ cierpią one na syndrom *„ja już wiem"*.

W rzeczywistości nikt nie może zamanifestować tego, czego jeszcze nie zintegrował w pełni.

Być może osiągnąłeś już wiele: pieniądze, ciało, jasność, a nawet połączenie z Bogiem. I to jest cenne. Ale jeśli jest jakiś obszar twojego życia, w którym prawda nie jest jeszcze wyrażona – zerwany związek, dług, objaw fizyczny, niespójność – to dlatego, że w tej kwestii jest jeszcze coś do zapamiętania.

A na tym poziomie przypomnienie sobie nie oznacza myślenia: oznacza wcielenie.

Dlatego jeśli nie masz dziś 10 000 dolarów na koncie, to dlatego, że jest coś w procesie – wewnętrznym lub zewnętrznym – co nie zostało jeszcze w pełni zintegrowane.

Jeśli Twoje mięśnie brzucha nie są jeszcze wyrzeźbione, nie wynika to z genetyki, ale z tego, że coś w Twojej diecie, podejściu lub systemie przekonań nadal nie towarzyszy tej rzeczywistości.

Jeśli nadal nie wykorzystujesz swoich talentów, aby służyć światu, to dlatego, że – na jakimś poziomie – nadal nie wykorzystujesz ich w pełni.

Wiedza to możliwość życia. Reszta to wiedza, która nie została wcielona w życie.

A **Prawda, kiedy się urzeczywistnia, nieuchronnie się manifestuje.**

Ten syndrom „ja już wiem" najbardziej komplikuje sprawy, ponieważ fałszywie „wypełnia". Wierząc, że już wiesz, nie pozostawiasz miejsca na otrzymywanie dalszych informacji ani integrowanie nowej wiedzy. Innymi słowy: zamykasz się.

Dlatego, aby kontynuować i stosować, musi zaakceptować nieznajomość. Nie ma znaczenia, ile ma pojęć ani ile osiągnął: jeśli czytasz te słowa, pozwól sobie zacząć od zera. Pozwól sobie nie wiedzieć, jeśli naprawdę chcesz, aby nastąpiła w tobie głęboka zmiana.

„Wiem tylko, że nic nie wiem". Taka jest moja filozofia życia. To właśnie pozwoliło mi stanąć na ramionach gigantów, pozostać pokornym, dalej się uczyć, rozwijać i czuć się szczęśliwym.

Człowiek, który uważa, że już wszystko wie, zatrzymuje się w miejscu, a ten, kto się zatrzymuje, oddala się od szczęścia.

Ta książka jest okazją do zwiększenia swojej pokory i znalezienia się w miejscu, w którym można osiągnąć największy rozwój: w miejscu ucznia.

Moim celem jest, aby w miarę postępów zyskiwałeś coraz większe zrozumienie, coraz lepszą harmonię oraz proste i przydatne narzędzia, dzięki którym każdy Twój dzień będzie dniem Prawdy. Dniami, w których dajesz z siebie wszystko, żyjesz w spokoju, czujesz się szczęśliwy i osiągasz absolutnie wszystko, co tylko może wymyślić Twój umysł.

Więc kontynuujmy. Masz już kompletną rutynę, aby zharmonizować wszystkie obszary; teraz przeprogramujemy nieco mózg, stworzymy nowe połączenia i zaczniemy grać w to, czego nie widać... w rzeczywistość.

STOP 6: WYŻSZE ZASADY MANIFESTACJI

„Nazywaj rzeczy, które nie są, tak jakby były, a otrzymasz je" *(Rzymian 4:17)*.

To biblijne zdanie zawiera podstawę wszystkich zasad manifestacji. Wiele osób mówi o prawie przyciągania, prawie zakładania lub jakimkolwiek innym, nie wiedząc, że w rzeczywistości wszystkie one opierają się na tym: **nazywaj rzeczy tak, jakby były już częścią twojej teraźniejszości.**

Nazywanie i deklarowanie tego, czego pragniesz, tak jakbyś już to przeżywał, przyciąga to do ciebie. Może to brzmieć nieuchwytnie, dopóki się nie wydarzy. Ostatnio zacząłem używać tego zdania, aby przyciągać sytuacje i rzeczy do mojego życia, i działa to bez zarzutu.

Niezależnie od tego, jak to powiesz, kluczem jest zawsze afirmowanie tego w teraźniejszości. Nie ma znaczenia, jak to nazwiemy: prawdą jest, że jesteśmy twórcami świata, w którym żyjemy, ponieważ świat zewnętrzny jest projekcją świata wewnętrznego. A jak już wiesz, ten wewnętrzny świat to twój system przekonań.

W tym miejscu pojawiają się pojęcia takie jak **JA JESTEM**, wspólne dla starożytnych kultur i potwierdzone w książce *Kurs Cudów*, która przekazuje nauki Boga. Jest tam napisane: *„Bóg jest i nic więcej nie jest"*.

Co to oznacza i jak odnosi się to do JA JESTEM, aby żyć tak, jak chcesz?

Oznacza to, że każda inna forma proszenia, poszukiwania lub „chęci uzyskania" tylko oddala cię od tego, czego pragniesz. Myślimy, że modlitwa to proszenie Boga o coś, ale w rzeczywistości jest to najbardziej absurdalna i niewdzięczna rzecz, jaką możemy zrobić w tej grze.

Proszenie Boga oznacza założenie, że ma On coś, czego nie chce ci dać lub nie może ci dać. Gdyby tak było, to dlaczego tego nie ma?

Dlatego tak wiele osób ponosi porażkę w manifestacji: ponieważ modlą się lub stosują prawa duchowe z niewłaściwego miejsca. Próba wywierania wpływu na materię z poziomu materii nigdy nie przynosi niezwykłych rezultatów. Najpierw wywieramy wpływ na materię z poziomu wyższego umysłu, a następnie materia dostosowuje się do tego, co nasz umysł jest w stanie dostrzec. Chodzi o zasadę **wierzenia, aby zobaczyć**.

Dlatego tak bardzo skupiliśmy się na porzuceniu ograniczających wzorców zachowań i myślenia oraz na przyjęciu nowych: ponieważ nie chodzi o to, czy prosić, czy nie prosić, ale o **to, skąd to robisz**.

Jeśli prosisz z pozycji „nie mam i potrzebuję mieć", oddalasz się od tego, czego pragniesz. Żadne prawo nie wydaje się działać, a Bóg wydaje się nie słuchać.

Ale jeśli deklarujesz z pozycji **„Ja Jest**em", jeśli nazywasz „to, czego nie ma", jakby już było, wtedy robisz to z pozycji obecności. I wtedy wszystko zaczyna się dziać.

Kiedy Bóg mówi *„Ja Jestem",* nie mówi o przeszłości ani przyszłości. Twierdzi, że poza Byciem nie ma nic innego. Nie ma przed ani po, nie ma tam ani tu. Jest tylko to, co jest.

Na początku może to brzmieć zagmatwane, ale jest to sedno, które wiele nurtów duchowych wypacza. Nazywają „duchowym" to, co w rzeczywistości rodzi się z ego, ponieważ sugeruje, że istnieje coś poza Bogiem. Ale tak nie jest.

Dlatego tak potężne jest połączenie między *„Ja Jestem"* a aktem „nazywania rzeczy, które nie są, tak jakby były". Nie jest to technika, jest to akt prawdy. Kiedy mówisz *„Ja Jestem zdrowiem"* lub *„Ja Jestem dostatkiem",* nie kłamiesz ani nie udajesz: uznajesz, że Bóg jest i nic więcej nie istnieje. Że wszystko inne jest iluzją.

> *„To jest prawdziwa podstawa manifestacji: nie przyciągać, nie prosić, nie oczekiwać. Być".*

Wielcy naukowcy i pisarze od dziesięcioleci zgłębiają moc teraźniejszości i wszyscy dochodzą zawsze do tego samego wniosku: **teraźniejszość jest jedyną rzeczą, która istnieje.**

Jeśli teraźniejszość jest jedyną rzeczą, która istnieje, *po co upierać się przy tworzeniu przyszłości, która jeszcze nie istnieje?*

W tym miejscu pojawia się Istota, która jest teraz tym, czym chce być. Ponieważ to, co wyobrażasz sobie, już istnieje jako rzeczywistość. W przeciwnym razie nie byłbyś nawet w stanie o tym pomyśleć. To, czego pragniesz, również pragnie Ciebie. To, co uważasz, że możesz osiągnąć, jest już faktem.

To, co się dzieje – i dlatego manifestacja wydaje się trwać długo – to fakt, że nie można niczego zamanifestować bez wiary, to znaczy bez pewności i przekonania o tym, czego jeszcze nie widać, ale o czym wiadomo, że można to osiągnąć.

Z punktu widzenia ego wydaje się, że coś się zamanifestowało, ponieważ „minęło trochę czasu", zanim to osiągnąłeś. Ale w głębi duszy nic nie wydarzyło się poza teraźniejszością: w momencie manifestacji ujawnia się tylko nowa teraźniejszość.

„Wiara jest więc pewnością tego, czego się oczekuje, przekonaniem o tym, czego nie widać" *(List do Hebrajczyków 11:1)*.

Pomyśl o tym w ten sposób: zacząłeś czytać tę książkę jakiś czas temu, ale w rzeczywistości przeszedłeś tylko od teraźniejszości do teraźniejszości. Nie możesz od tego uciec, nawet jeśli chcesz. Oczywiście możesz postrzegać przeszłość i wyobrażać sobie przyszłość, ale wszystko to istnieje tylko w twoim umyśle. Nawet to, co przeczytasz na następnej stronie , jeszcze nie istnieje; pojawi się tylko jako nowa teraźniejszość. Może się to wydawać szalone, niepotrzebne lub trudne do zrozumienia, ale jeśli nie wytrenujesz swojego umysłu, aby „widział to, czego nie widać", nigdy nie uzyskasz niczego innego niż to, co już masz. Ponieważ wiara to widzenie tego, czego nie masz, a to, co guru manifestacji nazywają manifestacją, sprowadza się właśnie do tego.

Wieczna i wszechogarniająca teraźniejszość jest miejscem, w którym znajduje się Bóg. I to właśnie od Boga manifestacja staje się przyciąganiem. Zakładając, że wszystko już jest, jedyne, co robisz, to przywołujesz rzeczy w teraźniejszości, używając Ja Jestem.

Spójrzmy na przykład: kupując tę książkę, twój umysł mógł pomyśleć coś w rodzaju: *„poznam prawdę"* lub *„jestem ciekawy, przeczytam ją, żeby zobaczyć, o czym jest"*.

Ta postawa – choć szczera i cenna – wynikała z oczekiwania: oczekiwania znalezienia czegoś poza tobą. Takie poszukiwania często oddalają nas od naszego własnego osądu, ponieważ zamiast obserwować to, co jest, zaczynamy zakładać, co powinno być. A życie oparte na założeniach nie zbliża cię do Prawdy: zamyka cię w cudzych interpretacjach.

Gdybyś natomiast użył „Ja Jestem" w momencie otwierania tej książki, stwierdziłbyś: *„Znam Prawdę, ponieważ Ja Jestem Prawdą"*. To stwierdzenie nie jest arogancją, jest dostosowaniem. Jest to oświadczenie wibracyjne, które stawia cię ponad pragnieniem i łączy cię bezpośrednio ze Źródłem. Ponieważ potwierdzając to w teraźniejszości, przywołujesz to, czego jeszcze nie widać, jakby już było, i to właśnie aktywuje rzeczywistą manifestację: pamięć o wieczności w teraźniejszości.

Teraz przenieś to na każdą sytuację w swoim życiu. I zwróć uwagę: Diabeł zawsze będzie zastawiał pułapki w najdrobniejszych szczegółach tej gry. Kiedy chcesz nazwać coś, co nie jest takie, jakby było, może szeptać ci do ucha, że „to nie jest prawdziwe, więc nie ma mocy". Ale zadaj sobie pytanie: kto próbuje zdobyć władzę, mówiąc ci to? Dokładnie: ten sam Diabeł.

Ja Jestem jest zbawieniem, ponieważ Ja Jestem jest absolutną jednością z tobą, z innymi i z Bogiem w każdej chwili. Kiedy uzyskasz dostęp do tego połączenia z Boskim i Nieskończonym Źródłem, twoje życie będzie kierowane wysokimi zasadami. Wtedy manifestacja przestaje być problemem, ponieważ rozumiesz, że jeśli Bóg jest i nic więcej nie jest, to zawsze masz wszystko, czego potrzebujesz, ponieważ wszystko *Już Jest*.

Będziemy kontynuować, abyś miał dokładny przewodnik po znaczeniu tego. Ponieważ bardziej niż kurs manifestacji, Prawda jest faktem. Jeśli w końcu coś zrozumiesz, to powinno to być właśnie to: jesteś chodzącym twórcą. Wszystko, co przyciągasz – czy ci się to podoba, czy nie – przyszło dzięki twojemu poziomowi częstotliwości. Twoja energia przyciąga lub odpycha to, czego potrzebujesz do swojego procesu ewolucyjnego. Problem nie polega na braku mocy, ale na naszym niewinnym zaniedbaniu tej potężnej rzeczywistości.

> *„Tak jak możesz stworzyć w swoim życiu wszystko, czego pragniesz, tak samo możesz zmienić wszystko, czego pragniesz. Nic nie jest trwałe, z wyjątkiem zmiany".*

Ale jak zmienić sytuację w naszym życiu? Odpowiedź jest prosta: jeśli wszystko odpowiada naszemu stanowi częstotliwości – stworzonemu przez nasze dominujące myśli – to musimy zmienić te myśli, przejść na stronę aktywną i... podnieść nasz poziom świadomości.

Zanim zagłębimy się w tę niematerialną dziedzinę, przedstawiam jasne podsumowanie dotyczące przyciągania i odpychania tego, czego pragniesz, abyś od tej pory nie musiał dalej szukać prawdy na zewnątrz i zaczął żyć jako twórca okoliczności, a nie ich ofiara.

Konkretne kroki, aby przyciągnąć do swojego życia to, czego pragniesz i zmienić każdą sytuację:

1. **Zdefiniuj, czego chcesz.** Przez pięć minut sporządź listę rzeczy, których najbardziej pragniesz, i wyobraź sobie, że nie ma możliwości, abyś nie osiągnął tego, czego pragniesz.

2. **Oceń swoją listę.** Przeczytaj ją i oceń każde pragnienie w skali od 1 do 10, w zależności od tego, jak bardzo wierzysz, że możesz je osiągnąć w ciągu sześciu miesięcy. 1 oznacza „*nie wierzę, że mogę*", a 10 „*jestem przekonany, że mogę*".

3. **Określ swoje priorytety.** Skoncentruj się tylko na pragnieniach, które otrzymały ocenę 8, 9 lub 10. Pozostałe odłóż na razie na bok – to jeszcze nie jest odpowiedni moment.

4. **Opracuj plan.** Zaprojektuj ścieżkę, która Twoim zdaniem zbliży Cię do tych celów.

5. **Wizualizuj każdego dnia.** Przeglądaj swoje cele, wyobrażając sobie, że już je osiągnąłeś, i bądź za nie wdzięczny.

Wyraźnym znakiem, że jesteś na odpowiednim poziomie wibracji, jest to, że naprawdę czujesz, że osiągasz sukces. Będziesz czuć się radosny, spełniony, zadowolony. Jeśli nie są to twoje odczucia, oznacza to, że twoje przekonanie nie było na poziomie 8, 9 lub 10 i musisz przemyśleć nowe cele.

Wiem, że wielu uczy marzyć o wielkich rzeczach i uważam to za wartościowe: należy to robić. Sam nieustannie ćwiczę swój umysł, aby osiągał cele, które dziś wydają się nie do pomyślenia, ale robię to jako ćwiczenie rozszerzające horyzonty. Jeśli będziesz tylko marzyć o rzeczach, które wydają się zbyt odległe, jedyne, co osiągniesz, to oddalenie ich jeszcze bardziej. To ćwiczenie pomaga rozpoznać swoje obecne ograniczenia, ale także motywuje do stopniowego poszerzania horyzontów, zwiększając zaufanie do tego potężnego zasobu i tej fundamentalnej prawdy.

Kiedy odkryłem film dokumentalny „*Sekret*" i jego naukę o prawie przyciągania, zdałem sobie sprawę, że czasami działa, a czasami nie. Frustrujące było poczucie, że nie należę do tej grupy ludzi, którym udaje się przyciągnąć to, czego pragną. Po kilku latach stosowania tej techniki mogę zapewnić, że działa ona w 100% przypadków. Różnica polega na poziomie świadomości: z niskiego poziomu nasz umysł pozostaje dualistyczny i trzyma się ciała, formy i linearnych procesów A, B i C, co sprawia, że wierzymy, iż istnieje możliwość, że manifestacja lub przyciąganie nie działa, a gdzie jest wątpliwość, tam jest strach, a gdzie jest strach, tam nie ma wiary. A bez wiary... nie ma manifestacji.

Zapraszam cię teraz do trenowania części swojego umysłu z takim samym zaangażowaniem, z jakim ktoś podchodzi do swojego ulubionego sportu, gdy chce stać się naprawdę dobry. Nie chodzi o próbowanie, chodzi o podjęcie decyzji. Jest to proces edukacji, transformacji i ekspansji, który będzie stawał się coraz bardziej kwantowy. I choć może się tak wydawać, nie jest to magia ani przypadek: działa, gdy sprawisz, że zadziała. Im więcej będziesz ćwiczyć, tym bardziej przekonasz się, że zawsze działa. Ale jeśli zostawisz to w połowie, nie oczekuj całkowitych zmian.

Aby nie spotkało cię to samo, co mnie, kiedy to odkryłem, chcę nauczyć cię czegoś potężnego i subtelnego, ale istotnego: zasady, która leży u podstaw całego procesu Bycia i przyciągania do swojego życia dokładnie tego, czego pragniesz. I pamiętaj, nie uczę Cię tego, ponieważ jest to „książka o manifestacji", ale dlatego, że Prawda istnienia to energia, częstotliwość i wibracja, a nauka tych zasad jest tym, czego powinniśmy byli nauczyć się wszyscy od najmłodszych lat. 1% ludzi korzysta z nich i jest ich świadom , od pokoleń, a teraz nadszedł czas, abyś potraktował tę informację z należnym jej szacunkiem. Nauczono nas wielu rzeczy, ale nie nauczono nas myśleć i rozróżniać prawdę. A prawda, drogi czytelniku, jest duchowa. Jeśli więc nie zaczniesz zapoznawać się z tym, czego nie widzisz, zawsze będziesz o krok za tymi, którzy poruszają się w świecie wykładniczym.

STOP 7: PODNOSZENIE POZIOMU ŚWIADOMOŚCI

Nie możesz oczekiwać, że jedno zdanie na zawsze zmieni Twoje życie. Aby nasze podstawy były solidne, jasne i podwyższone, musimy zaangażować się w **podnoszenie naszego poziomu świadomości**, a tym samym naszego stanu częstotliwości.

Widzisz, wszystko we wszechświecie materialnym jest energią, a energia wibruje. Ludzie są bezpośrednimi kanałami tej energii, dlatego twoje ciało jest tak ważne. W tym momencie nauczysz się wykorzystywać je w pełni jako kanał Boskości i niewyczerpane źródło energii. Pojęcie „zmęczenia" zostanie całkowicie wyeliminowane z twojego umysłu, ponieważ, jak już zrozumiałeś kilka stron wcześniej, nie jest ono rzeczywiste. Ale skąd ta pewność?

Przez dziesięciolecia dr David R. Hawkins badał poziomy ludzkiej świadomości i stworzył **Mapę** Świadomości, dokładny przewodnik pozwalający określić, gdzie się znajdujesz i dokąd możesz zmierzać.

Mapa wygląda następująco:

Poziom	Kalibracja	Emocja	Wizja życia
Oświecenie	700-1000	Nieopisywalne	Jest
Pokój	600	Radość	Doskonała
Radość	540	Spokój	Pełna
Miłość	500	Cześć	Łagodność
Rozsądek	400	Zrozumienie	Znaczące
Akceptacja	350	Wybaczenie	Harmonijne
Entuzjazm	310	Optymizm	Nadzieja
Neutralność	250	Zaufanie	Zadowalająca
Odwaga	200	Afirmacja	Zgoda
Duma	175	Pogarda	Powód
Złość	150	Nienawiść	Antagonista
Pragnienie	125	Tęsknota	Rozczarowanie
Strach	100	Niepokój	Przerażające
Smutek	75	Skrucha	Tragiczna
Apatia	50	Rozpacz	Beznadziejna
Wina	30	Poczucie winy	Złośliwa
Wstyd	20	Upokorzenie	Nędzna

Jak widać, poziomy poniżej 200 odpowiadają najniższym stanom wibracyjnym i mają tendencję do niszczenia życia. W rzeczywistości poniżej 20 osoba jest bardzo bliska śmierci.

Natomiast powyżej 200 człowiek zaczyna doświadczać bardziej pozytywnego i ekspansywnego spojrzenia na życie. W tych stanach ciało i umysł coraz bardziej się harmonizują i uzyskują bardziej harmonijne spojrzenie na Boga i egzystencję.

Kluczową kwestią do zrozumienia jest to, że **nasza częstotliwość stale się zmienia**. Żaden dzień nie będzie taki sam jak poprzedni, nie możemy też kontrolować, czy jutro wszystko będzie identyczn . Prawdziwa ludzka moc leży w świadomym wyborze naszych zasobów — takich jak te, które widziałeś wcześniej — a przede wszystkim w ćwiczeniu tej wielkiej mocy, której prawie nigdy nie używamy: **wyboru**.

Nikt przy zdrowych zmysłach nie wybrałby świadomie życia w cierpieniu, strachu, poczuciu winy lub wstydu. Dlaczego więc tak często doświadczamy tych stanów?

Odpowiedź jest prosta: ponieważ często nie mamy wystarczającej świadomości, aby odróżnić głos ego (diabła) od głosu prawdy (Boga). Osoba, która nie rozróżnia myśli wzniosłych od myśli negatywnych, kończy żyjąc tym, co „jej się należy", a to zazwyczaj jest czymś zupełnie innym niż to, czego naprawdę chciała. Zadowalając się tym, co ma, przestaje prosić, a ponieważ nie prosi i nie ma wiary, nie otrzymuje.

Często popadamy w stany niskiej częstotliwości, ponieważ nie traktujemy życia z należną mu odpowiedzialnością. Uważamy za oczywiste to, co jest niezbędne: życie, oddychanie, posiadanie ciała, myślenie, mówienie. Traktując to jako coś oczywistego, zapominamy o samym życiu.

Czy zauważyłeś, że osoby, które są zazwyczaj bardziej związane z Boskością, to te, które żyją w otoczeniu natury – w górach, lasach, nad rzekami lub na plażach? Dlaczego tak się dzieje? Ponieważ ich otoczenie jest przesiąknięte czystością, wielkością i życiem, a ta normalność przekształca się w wewnętrzny spokój. Nie oznacza to, że musisz natychmiast przenieść się do środowiska naturalnego, ale zrozumieć, że **to, co normalizujesz w swoim życiu zewnętrznym, zmienia cały twój wewnętrzny świat**.

> *„Jeśli znormalizujesz ból i cierpienie, to właśnie to otrzymasz. Jeśli znormalizujesz chorobę, to właśnie to otrzymasz. Jeśli znormalizujesz bogactwo i spokój, to właśnie to otrzymasz".*

Zawsze przyciągasz to, co rezonuje z tobą. Nawet niewygodne sytuacje lub osoby, których nie znosisz, ale które pojawiają się każdego dnia, są tam, ponieważ rezonują z twoim polem. Wszystko jest tworzone przez ciebie i dla ciebie. A kiedy zaczynasz nad tym zastanawiać się, zasłona zaczyna sama opadać. Nie musisz jej zrywać; światło stopniowo rozprasza ciemność.

Mapa świadomości jest praktycznym narzędziem, które pomoże ci ustalić punkt wyjścia w codziennym życiu. Zapoznaj się z nią i używaj jej do normalizowania stanów podwyższonych, zawsze pamiętając, że poczucie winy, apatia lub strach nigdy nie są podatnym gruntem. Cokolwiek robisz, rób to z miłością i podwyższonymi intencjami.

Na każdym poziomie poniżej 200 jednym z najpotężniejszych czynników pomagających wznieść się wyżej jest przebaczenie. Wszystko, co cię denerwuje, zawstydza, wywołuje poczucie winy lub inne obciążenia, których doświadczasz, może zniknąć w jednej chwili dzięki zrozumieniu i przebaczeniu.

W przeciwieństwie do tego, czego nauczano nas w wielu religiach, prawdziwe przebaczenie nie jest tym, które „wymazuje grzechy", ale tym, które rozpuszcza przekonanie, że konflikt, którego doświadczyłeś, był prawdziwy. Jeśli rozumiemy „grzech" jako konflikt, który wywołał poczucie winy i potrzebę przeprosin, to naprawdę nie musimy go nosić w sobie, ale przekroczyć go. W mojej książce *Conoce el único principio (Poznaj jedyną zasadę)* zagłębiam się bardziej w ten temat, ponieważ jeśli zrobimy coś niegodnego, a zamiast to zaakceptować i wyciągnąć z tego wnioski, popadamy w poczucie winy, nie tylko nie rozwijamy się, ale także obniżamy nasze wibracje do zera.

Jeśli jednak przyjrzymy się dokładnie mapie, zauważymy, że nawet gniew odgrywa ważną rolę, ponieważ wibruje wyżej niż stany takie jak strach czy apatia. Dlatego żadnego z tych stanów świadomości nie należy określać jako „dobrego" lub „złego". Jest to mapa, a mapa nie jest moralna: jest po prostu przewodnikiem, który pomaga nam spojrzeć z perspektywy i dokonać wyboru. Możesz wybrać, w jakim stanie chcesz wibrować.

I chociaż często odkrywasz się na niskich częstotliwościach, teraz wiesz, że istnieją inne możliwości. Już samo to przypomnienie jest rewolucyjne.

Wraz ze wzrostem Twojego zaangażowania wzrośnie również Twoja świadomość. Spowoduje to, że Twoja częstotliwość i wibracje wzrosną na mapie, zbliżając Cię coraz bardziej do Boga, a jednocześnie do Twoich marzeń.

Pamiętaj: to, czego pragniesz, również pragnie ciebie. Ale aby zaakceptować tę ideę, konieczne jest wejście w stany jedności, a nie separacji. Aby zrozumieć, że to, czego pragniesz, również pragnie ciebie, musisz najpierw nauczyć się kochać siebie, traktować innych z miłością i włączyć Boga do równania swojego życia.

STOP 8: NABYWANIE JEDYNEGO NIEZBĘDNEGO CELU

Abyśmy mogli iść naprzód z absolutną pewnością, musimy iść naprzód z Bogiem. Nie ma nic więcej. Będę stanowczy w tej kwestii, ponieważ chcę, abyś przestał zbaczać z drogi pod wpływem wiadomości, które tylko wprowadziły cię w błąd.

Słuchaj, nie wiemy dokładnie, co utrzymuje nas przy życiu, ale wiemy wyraźnie, że nie kontrolujemy ani naszego życia, ani naszej śmierci. Życie nie jest przypadkowe ani przyczynowe: jest synchroniczne, doskonałe i niewytłumaczalne.

Dzisiaj kładziesz się spać, a jutro budzisz się, nie pamiętając dokładnie, kiedy zasnąłeś. Ale pewnego dnia tak się nie stanie. I nie ma w tym nic złego. Naprawdę liczy się tylko to, że **dzisiaj żyjesz**.

Ludzie cały czas wpadają w pułapkę wierząc, że „zrobię to później" jest realne, że „później" istnieje, że przyszłość jest gwarantowana. I właśnie tego chcę cię uniknąć, nie dlatego, że jest to „niebezpieczne", ale dlatego, że właśnie taki sposób myślenia pozbawia cię możliwości życia teraz. Wielu boi się śmierci, ale nie zdaje sobie sprawy, że właśnie z powodu tego strachu nie żyje teraźniejszością. I to powinno być właściwe zdefiniowanie „śmierci": życie w czasie, który nie istnieje teraz.

Jeśli uda ci się iść bez wątpliwości, osiągniesz to, czego wszyscy w głębi duszy pragniemy: życie. A życie nie polega na tym, gdzie się znajdujesz, na ludziach, którzy cię otaczają, na tym, co robisz lub co posiadasz. Życie jest stanem wewnętrznym.

Albo czujesz się żywy, albo nie czujesz się żywy. Zmartwiony umysł nie może czuć się żywy. Umysł przepełniony strachem nie może czuć się żywy. Aby przepełniać się wyższymi stanami – aby zamieszkiwać wyższe poziomy świadomości – twój cel musi być jasny, precyzyjny i zgodny z wyższym dobrem: zgodny z Bogiem. A czego chce Bóg? Tego samego, co ty!

Wiele osób czeka na chwile przeciwności losu lub katastrofy, aby zwrócić się do Boga i połączyć się z tym, co niewytłumaczalne. Ale nie musisz czekać na nadejście konfliktu. O wiele potężniejsze jest wybieranie Prawdy, gdy wszystko idzie dobrze, niż gdy tak nie jest.

„Jezus rzekł do niego: Ponieważ mnie ujrzałeś, Tomaszu, uwierzyłeś; błogosławieni, którzy nie widzieli, a uwierzyli" *(J 20, 29).*

Nieograniczoność znajduje się w teraźniejszości, w tej przestrzeni, która wszystko tworzy i która, paradoksalnie, wydaje się pusta.

Bóg jest obecny w Tobie i we wszystkich istotach zamieszkujących ziemię. Aby zbliżyć się do tej jedności, musisz bez zastrzeżeń oddać się swojemu celowi, usuwając wszelkie przeszkody i wątpliwości, które mogą stanąć Ci na drodze. Co ciekawe, bardzo niewielu jest gotowych to zrobić. Dlaczego? Ponieważ łatwiej jest poddać się wygodzie. Ale życie w zgodzie z celem nie oznacza życia w odrętwieniu, uzależnieniu od narkotyków, nałogach lub ucieczce od rzeczywistości. To nie jest życie: to przetrwanie, co oznacza, że oddałeś swoje życie diabłu, ponieważ wybrałeś konformizm zamiast odpowiedzialności za wejście na pozytywną stronę życia i realizację swoich pragnień.

Wydaje się to prostą grą słów, ale w rzeczywistości jest to jedyna prawda o życiu. Szukasz „piątej nogi kota", aby uspokoić ego, które wierzy, że „musi być coś więcej". Ale nie, nie musi być nic więcej poza tym, co już jest. Ponieważ to jest jedyne, co jest i jedyne, co będzie.

Pamiętaj: **Bóg jest i nic więcej nie jest.** To samo dotyczy twojego życia: **twoje życie jest i nic więcej nie jest.**

Pytanie brzmi: jakie życie wybierasz dla siebie?

Zrozum to: wszystko, czego pragniesz, a czego nie masz obecnie, doprowadzi cię prosto do cierpienia, ponieważ oddziela cię od Boga. Natomiast uznanie i wdzięczność za wszystko, co już masz, zbliża cię do Boga, ponieważ dostosowuje cię do częstotliwości wdzięczności, która mówi: **„wszystko już zostało mi dane".**

Masz tak wysoki stopień wolnej woli, że możesz wybrać życie, które chcesz przeżyć: życie pełne cierpienia lub życie pełne ciągłej wdzięczności. I choć brzmi to drastycznie, wcale takie nie jest. W samolocie mogą wystąpić turbulencje, ale nie musisz przez to tracić spokoju... chyba że nadal wierzysz, że jesteś tylko swoim ciałem.

Naturalny opór wobec tego typu stwierdzeń jest zazwyczaj związany z impulsem ego, które nieustannie przypomina nam, że jesteśmy nim. Ponieważ jest ono ściśle związane z ciałem i wszystkim, co uważa za swoją własność, wszystko, co wymyka się spod jego kontroli, uruchamia wszystkie alarmy w jego systemie. Ego nie chce umrzeć; albo szuka śmierci jako wyzwolenia. Jego największym problemem, jak zauważysz, jest to, że wierzy, iż istnieją problemy. Uważa, że życie jest bolesne, a nieżycie również byłoby bolesne. Zamiast bawić się w dualizm, wierzy, że jest dualizmem.

Telewizja i media społecznościowe są obecnie głównymi kanałami programowania umysłu. Być może nigdy nie przestaną promować strachu, podziałów i zależności. Ale możesz dokonać wyboru: nie konsumować tych treści, przestać śledzić konta, które wyczerpują twoją energię, wyciszyć algorytmy, które cię hipnotyzują, a nawet usunąć aplikacje, które cię więżą.

Telewizję można wyłączyć. Telefon komórkowy również.

Netflix może nigdy nie przestanie oferować horrorów, ale możesz zdecydować się nie płacić za Netflix lub po prostu ich nie oglądać.

Szczepionki mogą nadal być wykorzystywane jako narzędzia manipulacji, ale możesz zdecydować się nie szczepić lub zrobić to świadomie i z miłością.

Rządzący mogą nadal dbać o własne korzyści, a nie o dobro ludności, ale możesz zacząć dbać o swoje dobro i dobro wspólne tych, którzy cię otaczają.

Życie może nie być „sprawiedliwe", ale możesz żyć w pokoju.

Śmierć może być nieunikniona, ale w tej chwili żyjesz.

Jeśli coś zawiera prawdę, to jest to zrozumienie. Zrozumienie, że jedyną drogą do miłości jest integracja z grą, w której uczestniczymy. Obawa przed tym, co się wydarzy, nie jest życiem, jest odczuwaniem oddzielenia od życia. I to właśnie to oddzielenie stopniowo oddala cię od Boga, od twoich marzeń i od życia, na które naprawdę zasługujesz.

> *„Nic w życiu nie ma mocy, by cię skrzywdzić, ponieważ nie jest to coś, co można skrzywdzić. Pamiętaj: masz ciało, ale nie jesteś tym ciałem".*

STOP 9: ŻYCIE W CAŁKOWITEJ HARMONII

Wielu uważa, że nabywanie dóbr materialnych jest złe, podczas gdy w rzeczywistości jedyną „złą" rzeczą jest osąd, który określa coś jako dobre lub złe. Życie innych jest częścią twojej nieświadomej projekcji. To, co widzisz w innych, odzwierciedla coś, czego potrzebujesz na swojej drodze: aby się czegoś nauczyć, zintegrować lub odkryć coś, czego wcześniej nie mogłeś zobaczyć . Tak, może to być trudne do zaakceptowania. Ale mówię ci wprost, że nie ma czegoś takiego jak „inny", którego nazywasz partnerem, przyjacielem, matką, ojcem itp. Wszystko w tym życiu sprzyja ci, nawet jeśli ta przysługa jest zamaskowana największą i najważniejszą lekcją twojego życia.

Z jedyną Prawdą nigdy nie powiem ci, żebyś niczego nie posiadał. Zawsze będę ci jednak przypominał, że wszystko, co „posiadasz", w rzeczywistości nie jest twoje: tylko nim zarządzasz. To prawda, że możesz kupować rzeczy, mieć partnera, przyjaciół, rodzinę lub zwierzęta domowe. Ale równie prawdziwe jest to, że na głębszym poziomie nie masz nic z tych rzeczy.

Im bardziej rozwija się wewnętrznie i zbliża do Boga, tym bardziej rozumie, że rzeczy tego świata są narzędziami: służą mu do zrównoważenia przywiązania z brakiem przywiązania. Stopniowo tracą one znaczenie, jakie miały na początku, ale mimo to pozwala sobie na ich używanie i czerpanie z nich radości, ponieważ po prostu żyje.

Są tacy, którzy decydują się niczego nie kupować i całkowicie odchodzą od kapitalizmu, jak wielu joginów. Mimo to, jeśli nadal żyją, spożywają wodę lub pożywienie, choć robią to w pełni świadomie. Pożywienie, bez względu na to, jak drogie jest, należy do sfery pragmatycznej.

Nie ma on świadomości, dlatego nie ma wysokiej wartości samej w sobie. Jego rolą nie jest doprowadzenie do oświecenia, ale nie zakłócanie go.

Jedzenie z obecnością i świadomością podnosi energię bardziej niż jakikolwiek składnik sam w sobie. Pokarm może być czysty, ale jeśli jest spożywany z przywiązaniem, strachem lub nieporządkiem, obniża swoją częstotliwość.

Jej celem jest coś innego: podtrzymywanie ciała, unikanie rozpraszania uwagi i towarzyszenie jej celowi, a nie zastępowanie go.

Niezależnie od tego, jaką drogę wybierzesz, zawsze pamiętaj, aby robić to z integracji, a nie z separacji. Bez względu na to, jak blisko Boga jesteś, jak bardzo jesteś świadomy, jeśli twoim celem jest dawanie i dzielenie się, korzystanie z rzeczy tego świata nie powinno powodować żadnego konfliktu.

Z mojego osobistego doświadczenia wynika, że nie wybrałem drogi izolacji ani skrajnego minimalizmu, ale też nie drogi gromadzenia. Jak być może wiesz, dzielę się swoim życiem w mediach społecznościowych: rzeczami, które porzucam i tymi, które wybieram, miejscami, w których mieszkam, oraz naukami, które integruję po drodze.

To dzielenie się nie jest przypadkowe: jest częścią mojego celu. Poprzez te treści inspiruję innych do zadawania pytań, przebudzenia się, działania z większą świadomością.

Tak, generuję dzięki temu również dochody. Tysiące dolarów, które są bezpośrednim skutkiem spójnego życia, pisania książek, które budzą świadomość, tworzenia społeczności i produktów zgodnych z tym, czego nauczam.

Na początku było to dla mnie trudne do zaakceptowania. Trudno mi było pogodzić się z tym, że będę znanym autorem i milionerem, a częścią mojego celu będzie pokazywanie wszystkiego – tego, co materialne, duchowe, proste i luksusowe. Na świecie istnieje wiele niechęci wobec osób, które potrafią żyć z tego, co kochają, ponieważ wielu uważa, że sami nie są w stanie tego osiągnąć. Łatwo jest to powiedzieć, ale kiedy się tego doświadcza, rozumie się, że pokazywanie tego jest również aktem służby: ponieważ pokazuje, że jest to możliwe.

Jakiś czas temu odwiedziłem świątynię buddyjską w Urugwaju, gdzie zrozumiałem coś, co głęboko mnie poruszyło:

„Prawdziwy mistrz to ten, który osiąga oświecenie, ale schodzi na świat, aby oświecić innych".

Po co komu tyle zrozumienia lub wyższy sposób życia, jeśli nie służą one nikomu innemu? Mówi się, że szczęście odnajdujemy, pomagając innym je odnaleźć, i z czasem coraz bardziej utwierdzam się w przekonaniu, że to prawda.

Oczywiście, prawda może być niewygodna, a wybór oświecenia może sprawić, że zaatakuje cię kilka „robaczków" – w końcu zawsze lecą one do zapalonej lampy. Jednak mimo to droga prawdy jest tą, którą każdy człowiek zasługuje na to, by nią podążać. **Zasługujesz na życie z Bogiem.**

Jak więc możemy żyć w całkowitej zgodzie, podtrzymując naszą prawdę i czując się blisko Boga?

1. **Mając jasność co do tego,** czego **chcesz.** Określ dokładnie, czego pragniesz, i każdego dnia postępuj zgodnie z tą prawdą.

2. **Będąc uczciwym.** Kiedy odrzucamy innych lub oddalamy się od tego, co powoduje w nas konflikt, tylko opóźniamy nasz proces ewolucyjny.

3. **Oświecając innych na swojej drodze.** Postępuj duchowo wielkimi krokami, ale nie zapominaj o powrocie i dzieleniu się.

Chciałbym zatrzymać się na chwilę przy tym ostatnim punkcie, zanim przejdziemy do odkrywania matrycy.

Za każdym razem, gdy gromadzisz zbyt wiele dóbr materialnych – przedmiotów, jedzenia, relacji – ryzykujesz odłączenie się od duchowości. Dlatego inwestycja w swoją Istotę jest tak ważna: pozwala ci zawsze pozostawać ponad tym, co materialne.

Czym jest inwestowanie w siebie?

Inwestowanie w siebie to poświęcanie zasobów – czasu, energii, pieniędzy i uwagi – na to, co rozwija cię wewnętrznie. To wybór ciszy zamiast hałasu. To opłacenie mentoringu zamiast kupowania czegoś, czego nie potrzebujesz. To zaprzestanie rozpraszania się ekranami, aby spojrzeć do wewnątrz lub zacząć studiować dobrą książkę. To inwestowanie w to, co wieczne, a nie tylko w to, co natychmiastowe.

Inwestowanie w siebie nie zawsze przynosi natychmiastowy zwrot, ale od podstaw zmienia wszystko, czym jesteś, a tym samym wszystko, co posiadasz.

Co ciekawe, często właśnie wtedy, gdy czujesz, że wzniosłeś się zbyt wysoko, najbardziej przydatne jest nabycie czegoś materialnego: **posiadanie poprzez działanie.**

Ujawnia to coś, co wielu przeoczyło: formuła działa tylko w prawdziwej harmonii, kiedy każdy element jest używany świadomie.

Tak, na początku wydaje się, że jedyne, czym powinniśmy się zajmować, to Bycie. Ale Bycie rośnie, zmienia się, rozszerza. To, co dziś jest wyniosłym działaniem, jutro może nim nie być. To, czego dziś pragniesz, jutro może przekształcić się w inne pragnienie. I to jest w porządku. Kluczem jest dostosowanie się bez utraty solidnej podstawy: Bycia zdolnego do zniesienia wszelkich przeciwności losu lub sukcesów, które nadejdą.

> *„Prawdziwy sukces rodzi się, gdy jesteśmy w stanie płynąć z zmianami życia w spokoju i wewnętrznej harmonii".*

Poznaj jedyną prawdę było dla mnie wezwaniem świadomości, ruchem, który moim zdaniem rewolucjonizuje cały świat. Wielu twierdzi, że jedyną Prawdą jest Bóg lub że jedyną księgą, która ją zawiera, jest Biblia. Ale jest o wiele więcej rzeczy, które możemy zgłębiać. Ponieważ niezależnie od tego, w co wierzymy, co czytamy, za wszystkim stoi pewność: **jedyna Prawda jest taka sama dla wszystkich**, chociaż każdy człowiek postrzega ją inaczej, filtrując ją przez Źródło, które nas stworzyło.

W następnym rozdziale przekroczymy granice i bariery. Poszukamy odpowiedzi na pytania, które każdy z nas kiedyś sobie zadał i które do tej pory budziły w nas tylko niepewność. Jak powiedziałem na początku, nie chodzi o gromadzenie większej ilości informacji ani o naukę czegoś „nowego". Myślenie, że czegoś nam brakuje, stawia nas w sytuacji niedostatku. Zapraszam do obserwacji, do internalizacji tego, co czytasz, z pozycji wzmocnionej, która pozwoli ci wyjść poza obecne granice. Ponieważ dzięki każdemu prawdziwemu zrozumieniu twoje życie staje się bogatsze, pełniejsze i bardziej satysfakcjonujące.

W tym momencie każdy, kto przyswoił sobie i zastosował to, co zostało przedstawione w pierwszym rozdziale, będzie mógł lepiej zrozumieć, jak zbudowany jest ten świat, jakie sieci działają w tle, i znaleźć głębokie odpowiedzi na pytania, które od lat dręczyły go w głębi duszy. Rozdział drugi Prawdy jest jedynie przypomnieniem. Połączymy punkty, połączymy idee i odkryjesz, że zawsze znałeś drogę, że jedyna Prawda zawsze tam była. Przyniesie to spokój, radość i spełnienie, po prostu dzięki zrozumieniu tej egzystencji.

Ten rozdział jest głęboki, ale przywróci ci to, co najważniejsze: **twoją moc.**

„System", „matryca" wysyłała wiadomości o separacji, strachu i konflikcie. To sprawiło, że większość ludzkości zapomniała o największym darze, jaki Bóg dał nam na tym świecie: **odpowiedzialności.**

> *„Nigdy więcej nie myśl, że jesteś uwarunkowany.*
> *Pamiętaj: jesteś zaprogramowany. Jeśli jesteś*
> *zaprogramowany, możesz się przeprogramować.*
> *Odpowiedzialność zawsze należy do ciebie i to jest*
> *dar, który Bóg ma dla ciebie".*

Teraz, gdy nie dryfujesz już bez celu, jesteś gotowy, aby zobaczyć. Nie oczami świata, ale oczami duszy.

ROZDZIAŁ 2

ODKRYWANIE MATRIX

Ten rozdział jest świętym zejściem. Ale nie w ciemność, lecz do źródła programów, które uniemożliwiły ludzkości przypomnienie sobie, kim naprawdę jest.

Podzielimy go na dwie fazy. Nie dlatego, że są one oddzielne, ale dlatego, że przejawiają się na różnych płaszczyznach tego samego oszustwa.

Faza 1: Programowanie systemu i strach

W tej pierwszej części przyjrzymy się strukturze widzialnej Matrix: rządy, media, wywoływane choroby, kontrola emocjonalna, wojny i masowe rozrywki. Nie z perspektywy paranoi, ale świadomości.

Zrozumiesz tutaj, w jaki sposób strach został zasiany jako strategia mająca na celu odcięcie cię od połączenia z ciałem, energią, zdrowiem i naturalną mocą uzdrawiania, która została ci dana z boskiego prawa. Ale co ważniejsze, zrozumiesz, co następuje:

> *„Zarówno wiara, jak i strach wymagają wiary w coś, czego nie widzimy".*

Faza 2: Prawdy zakopane pod ziemią... i pod wiekami

W drugiej części pójdziemy głębiej. Zejdziemy do samych podstaw tej rzeczywistości:

- Co stało się z gigantami?
- Dlaczego nie opowiedziano nam o poprzednich cywilizacjach?
- Kto nas genetycznie zaprojektował?

- Dlaczego tak wiele dowodów jest ukrywanych lub wyśmiewanych?

Ostrzegam: ta faza nie jest komfortowa i nie ma na celu być racjonalna. Ale kto odważy się przejść przez nią z otwartym sercem, uzyska dostęp do wspomnienia starszego niż jakakolwiek oficjalna historia: wspomnienia swojego prawdziwego pochodzenia... a wraz z nim wspomnienia swojej **wspaniałości**.

CZĘŚĆ 1: CZAS SIĘ OBUDZIĆ

Po ustaleniu podstaw twojej Istoty, przejdziemy do zrozumienia Matrixa z bardziej ukrytej perspektywy. Pokażę ci wiele z tego, co kryje się za tym światem, abyś zaczął rozumieć, że są rzeczy, o których nie wiedziałeś... i których nigdy nie poznasz w pełni. To nie tylko poszerzy twój umysł, ale także odblokuje nowe możliwości w twoim własnym istnieniu.

Kiedy myślisz, że panuje ciemność, tylko ty jesteś w stanie zapalić lampę i rozjaśnić otoczenie. Matrix nie jest czymś, od czego dokładnie uciekniesz, ale jest czymś, co możesz wykorzystać, aby twoja dusza nadal ewoluowała, grając po aktywnej stronie nieskończoności, tak jak już się tego nauczyłeś.

> *„Aby zobaczyć całą prawdę, czasami trzeba wejść do celi, w której sam się zamknąłeś. Nie po to, aby tam pozostać, ale aby jasno zobaczyć łańcuchy, które wiążą cię z bólem, strachem lub kłamstwem. Ta sekcja nie ma na celu przestraszyć cię, ale pomóc ci spojrzeć prosto w to, co cię więzi… i przypomnieć ci, że klucz zawsze był w twoich rękach".*

KONTROLA LUDZKOŚCI

Obecnie telewizja pozostaje głównym kanałem przekazywania wiadomości i miejscem, gdzie pokazuje się najwięcej dramatów. Jednak ten „wirus informacyjny" rozprzestrzenił się również na media społecznościowe. Gdziekolwiek jesteś, cokolwiek robisz, nieuchronnie natkniesz się na jakąś tragiczną wiadomość, która skłoni cię do dostrojenia się do zbiorowego strachu.

Jednak bez względu na to, co dzieje się na zewnątrz, jest coś, o czym nigdy nie należy zapominać: **to Ty sam tworzysz wszystko przez cały czas.** Każda wiadomość, która powoduje, że wibrujesz niżej, nie pojawia się przypadkowo: pojawia się, ponieważ już byłeś na tej częstotliwości. Jeśli ją dostroiłeś, to dlatego, że już ją w sobie nosiłeś.

W szerszej perspektywie musisz pamiętać o jednym: **jesteś anteną energetyczną podłączoną do pola kwantowego.**

> *„Gdyby każdy zrozumiał, że jego ciało jest anteną zdolną do bezpośredniego dostrojenia się do Nieskończonego Źródła, nigdy więcej nie byłoby strachu, chorób ani nieszczęścia w sercach ludzi".*

Kiedy mówię o „wirusie", mam na myśli najpotężniejszą broń, jaką elita wykorzystuje do manipulowania ludzkością: **strach**. Poprzez strach, niepewność i powtarzanie, w zbiorowej świadomości umieszczają takie stwierdzenia jak: „świat pogrąża się w chaosie", „wszyscy umrzemy", „nadchodzi nowa wojna". I nie dzieje się tak tylko podczas wielkich wydarzeń. Nawet w „spokojnych" momentach programowanie trwa: kradzieże, morderstwa, choroby, inflacja, wypadki. Strach nigdy nie odpoczywa.

A gra o kontrolę nie kończy się na tym. W ostatnich latach widzieliśmy, jak jednym kliknięciem można pozbawić miliony ludzi wszystkiego. Czy to przypadek, że w marcu 2025 r. w Europie poproszono o przygotowanie zestawów przetrwania „ " – zawierających żywność, wodę, latarki i radia – a zaledwie kilka tygodni później ogromna awaria zasilania pozbawiła miliony ludzi w Hiszpanii i Portugalii prądu na ponad 10 godzin? To nie jest paranoja. To strategiczne planowanie mające na celu zmierzenie ludzkiej reakcji na wywołany załamanie.

I to nie pierwszy raz.

Pamiętacie epidemię świńskiej grypy w 2009 roku? SARS w 2003 roku? Ebolę? AIDS w latach 80.? Zawsze ten sam schemat: **masowy strach + kampania medialna + narzucone rozwiązanie** (szczepionki, leki, ograniczenia). A za tym wszystkim kryje się ten sam ukryty komunikat: *„nie masz władzy nad swoim ciałem ani życiem; potrzebujesz nas, abyśmy cię uratowali".*

Prawda przypomina ci dokładnie coś przeciwnego: **masz władzę!** Zawsze ją miałeś, ponieważ jesteś częścią Źródła. Możesz odzyskać tę władzę, biorąc odpowiedzialność za swoje myśli.

Nigdy nie byłeś naprawdę w niebezpieczeństwie. Jedyne, co wielokrotnie powodowało choroby twojego ciała, to przekonanie, że możesz zachorować. Jedyne, co przyciągało te dramatyczne sytuacje, to twoja częstotliwość. Nic więcej.

Nie chodzi o winę. Nikt nie jest za nic odpowiedzialny.

Ty i ja nie jesteśmy odpowiedzialni za to, co pokazują wiadomości. Ale jesteśmy w 100% odpowiedzialni za to, co wybieramy, w co wierzymy i co akceptujemy.

Dlaczego uważasz, że pokazują tylko śmierć, katastrofy, wojny, kradzieże i pandemie? Ponieważ ludzie najchętniej konsumują właśnie takie treści. **Strach uzależnia.** Poczucie bycia „poinformowanym" stwarza iluzję kontroli. Ale jedyne, co kontrolujesz, to częstotliwość... a co za tym idzie, swoje życie.

Jeśli nadal wydaje ci się to dziwne, spróbuj wykonać następujące ćwiczenie: na YouTube, TikTok lub Instagramie wyszukaj: *alarmujące wiadomości dnia*. Obejrzyj co najmniej 5 minut tych informacji. Po zakończeniu opisz własnymi słowami, jak się czułeś.

Następnie wpisz w wyszukiwarce: śmieszne zwierzęta i obejrzyj te filmy przez 5 minut. Po zakończeniu ponownie opisz, jak się teraz czujesz.

Niektórzy mogą pominąć to ćwiczenie, ponieważ uważają, że wniosek jest zbyt oczywisty. Paradoksalnie to właśnie oni najbardziej tego potrzebują.

Prawda jest taka, że wszystko, co nas otacza, ma na nas ogromny wpływ. Jeśli nie uświadomisz sobie w pełni, że to, co widzisz i słyszysz, ma bezpośredni wpływ na twoją energię, będziesz nadal spał, rozpraszając się i oddalając od jedynej prawdy.

W dzisiejszym zglobalizowanym świecie wystarczy jeden telefon, tweet, kliknięcie... i miliony ludzi wpadają w panikę w tym samym czasie. Dlaczego tak się dzieje? Powiedzieliśmy już: dla kontroli. Ale dlaczego to działa? Ponieważ nie przyjęliście jeszcze swojej prawdziwej wewnętrznej mocy.

Nie martw się. To nie jest skarga ani wyładowanie emocjonalne, to fakt. Masz prawo kwestionować wszystko, nawet to. Ale potraktuj to jako klucz, który otwiera drzwi do prawdy. Jeszcze nic nie widziałeś. Dopiero zaczynamy. Zapnij pasy, bo kolejne strony mogą wywołać trzęsienie ziemi w Twojej świadomości.

Jak mówi popularne powiedzenie: **„Kto kontroluje media, kontroluje umysły"**. Ale powiem ci coś jeszcze mocniejszego: „Kto panuje nad swoim umysłem, nie może być kontrolowany przez nikogo".

„Jedyne, co powoduje chorobę u człowieka, to jego przekonanie, że może zachorować".

Nie traktujcie tego zdania jako absolutnej prawdy. Obserwujcie je. Kwestionujcie je. Zadajcie sobie pytanie: **a co, jeśli nigdy nie byliście chorzy, a po prostu odłączyliście się od swojej prawdy?**

Gdybyś dzień i noc słyszał, że tysiące ludzi umierają, czy nie czułbyś strachu? Ja też bym go czuł. Ale ten strach nie chroni, on zatruwa. Ponieważ strach jest najcichszą i najbardziej śmiercionośną chorobą, jaka istnieje.

Dlatego powtarzam: **prawdziwym wirusem jest strach. A prawdziwym lekarstwem... jesteś ty.**

W TEN SPOSÓB „ONI" ZARABIAJĄ PIENIĄDZE

Był rok 2019 i mieszkałem w domu rodziców, właśnie rzuciłem pracę, w której pracowałem od 9 do 18, aby poświęcić się „przedsiębiorczości internetowej". Moim przedsięwzięciem w tamtym czasie była analiza rynków finansowych i spekulowanie przy zakupie i sprzedaży walut, aby zarabiać pieniądze na transakcjach, co powszechnie nazywa się „tradingiem". Chociaż nie szło mi dobrze, byłem bardzo na bieżąco z wiadomościami ze świata, ponieważ to one mają największy wpływ na rynek, który jest niczym innym jak czystą zbiorową emocjonalnością.

Śledzenie wiadomości i bycie na bieżąco z tym, co dzieje się w świecie finansów, było częścią mojej codziennej rutyny.

Przez lata na własne oczy widziałem, jak bardzo gospodarka jest manipulowana od wewnątrz. Jak raz po raz manipuluje się kursami dolara i innych walut za pomocą fałszywych lub opóźnionych wiadomości, aby zgromadzić więcej pieniędzy i pozwolić dużym firmom stawać się coraz bogatszymi.

W tamtym czasie ciągle mówiono, że rynki nie mogą utrzymać się na najwyższym poziomie, że wszystko, co rośnie, musi spaść i że w każdej chwili coś się wydarzy.

Ale oczywiście nic nie spada „tak po prostu". Zawsze potrzebny jest zewnętrzny czynnik wyzwalający, globalna katastrofa, która uzasadnia gwałtowny spadek. COVID był idealnym narzędziem.

> *„Kiedy rozprzestrzenia się strach, bogactwo ulega reorganizacji. I zawsze trafia do tych samych kieszeni".*

W rzeczywistości pieniądze podążają za świadomymi. Pieniądze przyciąga odpowiedzialność, a nie wymówki. Dlaczego? Ponieważ wszystko jest energią. Niezależnie od tego, czy jest to papier, czy bit, to, co mamy lub nie mamy w naszym życiu, odpowiada bezpośrednio naszej wibracji.

A może nadal uważasz, że miliony dolarów spadną ci na głowę, podczas gdy nadal wierzysz, że bycie bogatym nie jest całkowicie etyczne?

Zazwyczaj nie doceniamy faktu, że pieniądze są paliwem na płaszczyźnie pragmatycznej. Wszystko kończy się w taki czy inny sposób celami politycznymi lub religijnymi – dwoma podmiotami, które mają najwięcej zwolenników w historii ludzkości.

Oto, co kryje się za prostym wirusem: strach. Wykorzystywanie strachu jako broni manipulacji również nie jest niczym nowym. Kościół robił to od samego początku, wprowadzając ideę grzechów głównych, które prowadzą prosto do piekła.

Nasz umysł jest nieświadomie zaprogramowany, aby unikać bólu. Dlatego często kieruje nami bardziej strach niż miłość. Jeśli jedyne, co widzisz na zewnątrz, to zarażenia i zgony, ziarno strachu zaczyna rosnąć, aż dochodzi do punktu, w którym bez wahania wierzysz, że to wszystko jest prawdziwe. To samo dzieje się w przypadku każdego kryzysu: jeśli codziennie słyszysz, że rynek spada lub że nie ma pieniędzy, w końcu powtarzasz to w sobie i na zewnątrz, i zgadnij co... to właśnie kończy się tym, że tak właśnie żyjesz.

> *„Tam, gdzie kierujesz swoją uwagę, kierujesz swoją energię. A tam, gdzie kierujesz swoją energię, to, co obserwujesz, rozszerza się".*

Być może zadajesz sobie pytanie: czy powinienem całkowicie ignorować to, co dzieje się na świecie?

Odpowiedź brzmi: niekoniecznie. W tym świecie istnieje wiele światów. Twój umysł jest jeden, podobnie jak umysł twojego sąsiada, partnera lub rodziców. Każda osoba żyje we własnej rzeczywistości i stamtąd tworzy i wnosi swój wkład do rzeczywistości zbiorowej.

Nie chodzi więc o ignorowanie innych, ale o uświadomienie sobie siebie i wybranie, skąd chcesz tworzyć i wchodzić w interakcje.

Jeśli wibrujesz brakiem, brak ten stworzy. Osoba, która założyła firmę, musiała myśleć w kategoriach obfitości, aby stworzyć produkt lub usługę i zaoferować je światu. W przeciwnym razie nic z tego, co znamy dzisiaj, nie istniałoby. Wielu myli się, wierząc, że to system zewnętrzny wymaga zmiany. To pułapka mistycyzmu: ciągłe wskazywanie na innych – rząd, politykę, religię, elity, iluminatów, masonów, firmy, a nawet innych przedsiębiorców. Jest to najniższy poziom skali wibracyjnej, ponieważ jedyne, co przekazuje światu, to: *„Spójrz, jestem ofiarą. Oddaję ci całą swoją moc. Nie chcę być za nic odpowiedzialny".*

Jak zastosować to do pandemii lub jakiejkolwiek sytuacji na świecie?

Podam prosty przykład, który można również zastosować w codziennym życiu. Każdy z nas, z własnej woli, ma cztery sposoby postępowania. Weźmy na przykład szczepionki, które w wielu miejscach były wymagane do podjęcia pracy lub załatwienia formalności.

4 SPOSOBY WYBORU: STRACH LUB MIŁOŚĆ

1. Bezpośredni strach.

Wyobraź sobie, że rząd twierdzi, że musisz się zaszczepić, aby nadal pracować lub być bezpiecznym. Nie chcesz tego robić, czujesz to w całym ciele… ale zgadzasz się, z gniewem, z niechęcią, z wewnętrznym głosem, który krzyczy: *„to nie jest w porządku, ale nie mam wyboru"*. Szczepisz się. Robisz to ze strachu. Jak każdy wybór wynikający z odłączenia, otrzymujesz więcej cierpienia niż ulgi.

2. Ukryty strach.

Teraz wyobraź sobie, że w obliczu tego samego nakazu mówisz: *„Nie zaszczepię się, nawet jeśli mnie zwolnią, nawet jeśli się zarażę"*. Brzmi to odważnie, ale jeśli spojrzysz na to szczerze, zobaczysz, że u podstaw nadal leży strach: strach przed systemem, przed zachorowaniem, przed poddaniem się. Jest to postawa walki, obrony. A tym, co następuje po strachu, nawet jeśli przybiera formę odwagi, jest zawsze napięcie i konflikt.

3. Obecna miłość.

Wyobraź sobie, że decydujesz się na szczepienie. Ale tym razem nie z obowiązku, ale ze świadomości. Oddychaj. Obserwuj. Podejmij decyzję. Przed przyjęciem szczepionki pobłogosław tę chwilę, swoje ciało, osobę, która ją podaje, a nawet jej zawartość. Nie dlatego, że ślepo ufasz, ale dlatego, że ufasz swojej mocy przemiany każdego doświadczenia poprzez miłość. Nie otrzymujesz uzdrowienia dzięki szczepionce, ale dlatego, że byłeś już zdrowy, wybierając Boga.

4. Silna miłość.

Wyobraź sobie, że decydujesz się nie szczepić. Nie jako akt buntu, ale jako wyraz swojej wewnętrznej prawdy. Jesteś wdzięczny, że możesz wybierać. Nie potępiasz nikogo. Nie czujesz się ofiarą. Wiesz, że mogą być konsekwencje, ale nie żyjesz już po to, aby ich uniknąć, ale po to, aby szanować siebie. Decyzja rodzi się z pokoju. A ten pokój, który nie zależy od tego, co dzieje się na zewnątrz, jest twoim najpotężniejszym lekarstwem.

Zauważyłeś to? Postępowanie oparte na strachu rodzi tylko więcej strachu. Postępowanie oparte na miłości rodzi więcej miłości.

„Decyzja podjęta z wysokiej świadomości leczy bardziej niż jakakolwiek wstrzyknięta substancja".

Ludzie często zbytnio komplikują sobie życie tylko dlatego, że nie potrafią podjąć decyzji. Decyzja podjęta z pełną świadomością jest tym, co leczy. Wątpliwości są tym, co zabija.

Dlatego uzdrowienie jest zawsze bezpośrednio związane z tym, na ile dana osoba zobowiązuje się do słuchania tego, co czuje, na ile bierze odpowiedzialność za to uczucie i na ile udaje jej się przekształcić uczucie strachu w uczucie miłości. Nie chodzi o to, co jest lepsze, a co gorsze: chodzi o intencję, świadomość, wewnętrzną odpowiedzialność.

Sposób postępowania, którym się tutaj dzielę, można zastosować w dowolnym miejscu i czasie. W codziennym życiu z pewnością spotykasz się z wydarzeniami, które ci się nie podobają, niewygodnymi rozmowami lub trudnymi sytuacjami. Jeśli pamiętasz, że zawsze możesz wybierać – zostać lub odejść, mówić lub milczeć, działać lub czekać – i robisz to w spokoju, zaczniesz wypełniać całe swoje życie spokojem.

To właśnie mam na myśli, mówiąc, że „świat wewnętrzny tworzy świat zewnętrzny". Nie możemy kontrolować tego, co dzieje się na zewnątrz, ale możemy kontrolować nasze nastawienie.

> *„Jeśli plany elity opierają się na strachu, a ty potrafisz odczuwać miłość, to już całkowicie wygrałeś tę grę".*

Oto klucz: cokolwiek robisz, zawsze będzie to trudne. Trudno jest mieć nadwagę, tak samo jak trudno jest codziennie trenować i przestać jeść to, co wcześniej sprawiało ci przyjemność. Trudno jest pracować w zawodzie, który ci się nie podoba, tak samo jak trudno jest założyć firmę, nie wiedząc, czy się uda. Różnica polega na podjęciu decyzji. Kiedy twierdzę, że „zawsze jest trudno", musimy zadać sobie pytanie: dla kogo zawsze jest trudno?

Zawsze jest to trudne dla ego, ponieważ ego nie podejmuje decyzji. A ponieważ biernie czeka na zmianę sytuacji, jego energia twórcza zaczyna się stagnować. Zaczynają się napady objadania się, pojawiają się rozrywki, narkotyki itp.

Ponieważ dopóki nie zdecyduje, czego chce, wszystko wydaje się ciężarem. Ale kiedy określa, czego chce i dąży do tego, nawet jeśli wymaga to wysiłku, czerpie z tego radość. Jedyne, co go niszczy, to poczucie braku celu i godzenie się z tym, co „mu się należy". To, co daje życie, wymaga ruchu, ponieważ absolutnie wszystko w tej Matrixie jest energią.

A jako istoty energetyczne, wykorzystajmy tę moc, aby grać tak, jak naprawdę na to zasługujemy.

NIEOGRANICZONE ISTOTY GRAJĄCE W OGRANICZONE DOŚWIADCZENIE

Biorąc pod uwagę wszystko, co zbadaliśmy, wydaje się logiczne, że głównym celem tych, którzy kontrolują system, jest uniemożliwienie nam przebudzenia, samodzielnego myślenia i spojrzenia do wewnątrz. Wiedzą, że jesteśmy głęboko podatni na wpływy... i od wieków wykorzystują to na swoją korzyść.

Chciałbym jednak zaprosić cię do czegoś: przestań myśleć, że „oni" są złymi istotami. To czysto religijna narracja, która nauczyła nas wierzyć, że zło jest na zewnątrz, podobnie jak zbawienie. Elita to w końcu ludzie tacy jak ty i ja. Gdyby byli reptilianami lub jakąś inną rasą obcych... czy to naprawdę ma znaczenie?

Kiedyś cały czas myślałem o tych sprawach. Zadawałem sobie tysiące pytań. A każda odpowiedź prowadziła mnie do kolejnych pytań. Aż pewnego dnia zadałem sobie prawdziwe pytanie: *czy naprawdę ma znaczenie, czy wiem to, co chcę wiedzieć?*

Z czasem zrozumiałem, jak ważne jest uproszczenie swojego życia. Nie mówię tu o wyjeździe na szczyt góry, aby medytować 24 godziny na dobę, ale o zadaniu sobie pytania: jak chcę żyć? Czego naprawdę pragnę? To jest zasadnicze pytanie, które wyznaczyło nowy kierunek zrozumienia tej „matrycy" dla mojego życia.

Dlatego ta praca nie ma na celu wzmocnienia cię poprzez gniew, ale poprzez odpowiedzialność. Z jedynego miejsca, w którym możesz wykorzystać swoją absolutną władzę: decyzji. Decydowanie o tym, czego chcesz, jest twoim największym darem.

> *„Jeśli świat spiskuje przeciwko tobie, to twoja decyzja o „spisku" na rzecz swojej prawdy nie oznacza stawiania im czoła, ale uczynienie ich nieistotnymi. Nie walczy się z ciemnością, walcząc z nią, ale zapalając lampę. Przebudzenie nie jest reakcją typu „ ": jest przypomnieniem sobie, kim jesteś poza swoją osobowością".*

Pozwól, że powiem ci coś, co być może już intuicyjnie wyczuwasz. Kiedy Nikola Tesla powiedział, że „aby zrozumieć wszechświat, musimy myśleć w kategoriach energii, częstotliwości i wibracji", nie mówił tego, aby brzmieć enigmatycznie. Mówił to, ponieważ jest to prawda. Wszystko, co istnieje, wibruje. Wszystko, co wibruje, emituje częstotliwość. A każda częstotliwość jest wyrazem energii.

Ta energia jest w tobie: w twoim głosie, w twoich myślach, w twoich słowach, w twoim polu. Ktoś kiedyś odkrył, że można aktywować wewnętrzne stany człowieka za pomocą precyzyjnych kombinacji energii, częstotliwości i wibracji. Nie mówię tego, aby cię zaskoczyć, ale aby pokazać ci coś istotnego:

To nie jest mistycyzm. To praktyczna wiedza. To nie jest science fiction. To rzeczywistość. Nazwali to „sekretem", ponieważ jest to zbyt potężne, ale tak naprawdę nie jest to sekret: jest to najbardziej realna rzecz, jaka istnieje, i jest dostępna dla nas wszystkich w każdej chwili.

Jesteś z natury istotą nieograniczoną. Zawsze nią byłeś. Jedyne, co się zmienia, to to, czy zdecydujesz się wykorzystać tę naturę, czy nie. Ostatecznie ta książka jest przypomnieniem tej prawdy. Ponieważ prawda nie jest czymś, co się znajduje: jest to stan Istoty, który się wybiera. Stan, który budzi się, gdy o nim pamiętasz, integrujesz go i wcielasz w życie każdego dnia.

Nie jest łatwo myśleć inaczej, tak samo jak nie jest łatwo trwać w przeciętnych myślach i ograniczających przekonaniach.

> *„Najbiedniejszymi ludźmi na świecie nie są ci, którzy nie mają pieniędzy na koncie, ale ci przeciętni: ponieważ w połowie wierzą, że mogą to osiągnąć, a zatem nie osiągają tego".*

A teraz chciałbym przedstawić wam człowieka, który wprowadził w życie słynne zdanie Tesli – które tak często słyszymy w mediach społecznościowych:

CZŁOWIEK, KTÓRY WYLECZYŁ 16 PACJENTÓW Z RAKA ZA POMOCĄ CZĘSTOTLIWOŚCI I WIBRACJI

Jaka jest natura rzeczywistości?

Odpowiedź na to pytanie jest zazwyczaj ignorowana przez większość społeczeństwa, ale nie przez wielu naukowców, którzy zrozumieli – i udowodnili – że wszystko składa się z energii. I że manipulując tymi subtelnymi siłami energetycznymi, możemy zmienić siebie, a także wszystko, co nas otacza.

Za tą wizją stał człowiek, który chciał wykorzystać te siły natury do leczenia chorób i wyniesienia zdrowia i długowieczności ludzkości na zupełnie nowy poziom. Człowiekiem tym był **Royal Rife**, naukowiec, który nie tylko skonstruował najbardziej zaawansowany mikroskop swoich czasów – zdolny do obserwacji żywych wirusów i bakterii – ale także wyleczył 16 pacjentów z raka w ciągu zaledwie kilku miesięcy, wykorzystując moc **częstotliwości** i **wibracji**.

Jego odkrycie wywarło tak duże wrażenie, że w 1931 roku grupa 44 naukowców zebrała się, aby świętować rewolucyjne wydarzenie, które nazwali **"Koniec chorób"**, przekonani, że odkrycie Rife'a może umożliwić leczenie każdej dolegliwości za pomocą urządzenia opartego na prostych częstotliwościach.

Rife odkrył, że każdy wirus i bakteria wibruje z określoną częstotliwością, na którą są podatne. Nazwał to **"śmiertelną częstotliwością oscylacyjną"**, terminem, który jest nadal używany. Najpierw przetestował to na szczurach, eliminując określone bakterie, wirusy i guzy za pomocą częstotliwości elektromagnetycznych. Następnie zastosował to na ludziach... i ponownie odniósł sukces.

Oto, co Rife powiedział po uzyskaniu wyników:

"Podczas leczenia za pomocą urządzeń częstotliwościowych nie dochodzi do zniszczenia tkanki, nie odczuwa się bólu, nie słychać żadnego hałasu i nie odczuwa się żadnych doznań. Włącza się rurkę i po trzech minutach leczenie jest zakończone. Wirus lub bakteria zostają zniszczone, a organizm w naturalny sposób regeneruje się po działaniu toksycznym. Jednocześnie można leczyć kilka chorób".

Skoro jednak miało to miejsce prawie 100 lat temu, dlaczego nadal wydajemy ponad 185 miliardów dolarów rocznie na leczenie raka? Dlaczego cierpi na niego 1 na 3 mężczyzn i 1 na 2 kobiety?

A co, jeśli choroba to biznes... a wyleczenie to rewolucja?

Nie wszystko było bajką. W 1937 roku, po założeniu swojej firmy, Rife znalazł się pod presją **Morrisa Fishbeina**, dyrektora Amerykańskiego Stowarzyszenia Medycznego, który próbował wykupić wyłączne prawa do jego technologii. Rife odmówił. Jednak Fishbein, znany z hamowania wynalazków zagrażających monopolowi farmaceutycznemu – wspieranemu przez rodziny takie jak Rockefellerowie – nie poddał się.

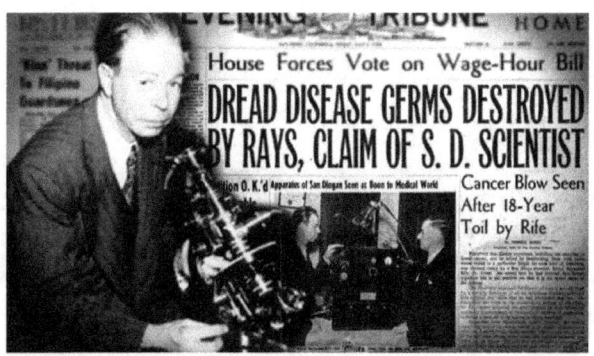

Mówi się, że sfinansował on inżyniera z zespołu Rife'a, aby ten złożył przeciwko niemu pozew. Chociaż Rife wygrał proces, koszty prawne doprowadziły go do bankructwa. Jego laboratorium zostało zniszczone, policja skonfiskowała wyniki jego badań, a on sam popadł w alkoholizm. Ten pionierski wynalazek, który mógł zmienić historię medycyny, został prawie całkowicie wymazany.

Dzisiaj rak nadal jest leczony chemioterapią, bardzo kosztowną metodą, która w wielu przypadkach bardziej szkodzi organizmowi niż go leczy. Tysiące ludzi umiera nie tylko z powodu choroby, ale także z powodu skutków ubocznych leczenia. A mimo to nadal wierzymy, że celem tej branży jest ratowanie nas.

Poza maszynami istnieje coś istotnego, co należy zrozumieć: **częstotliwość, która powoduje choroby, może pochodzić z otoczenia ( ), ale wibracja, która leczy, rodzi się z wewnętrznej spójności.** Nie ma jej w tabletce ani w urządzeniu. Jest w codziennym wyborze podnoszenia swoich myśli, emocji i otoczenia do pozytywnego poziomu. Uzdrowienie nie jest walką z tym, co zewnętrzne: jest aktem ponownego połączenia się z tym, co już jest, energią zharmonizowaną z Życiem.

Słabość ludzkości nie jest przypadkiem. Jest to zamierzony projekt.

Jak powiedział George Orwell:

„Masowe społeczeństwa nigdy nie buntują się z własnej woli i nigdy nie buntują się tylko dlatego, że są uciskane. W rzeczywistości, dopóki nie pozwolimy im mieć standardów porównawczych, nigdy nie zdadzą sobie sprawy, że są uciskane".

I to jest prawdziwy problem: nie kontrola... ale nieświadomość, że jest się kontrolowanym. Jak wyjść z tej zbiorowej hipnozy? Aktywując pamięć.

To wspomnienie zaczyna się od rozpoznania, jakie częstotliwości konsumujemy na co dzień, a nawet jakie częstotliwości emitujemy. Ponieważ jeśli wszystko jest wibracją, wszystko, co trafia do twojego umysłu, jest również częścią twojej diety, a to, co z niej wychodzi (to, co widzisz i doświadczasz), jest właśnie efektem tej diety.

„Po owocach ich poznacie" *(Mt 7,16).*

Chcesz się uzdrowić? Umieść się w środowisku, w którym uzdrowienie jest nieuniknione. Chcesz odnieść sukces? Otocz się sukcesem. Chcesz żyć radośnie? Udaj się do miejsc, gdzie radość nie jest wyjątkiem, ale normą.

Pamiętajcie, co widzieliśmy w rozdziale 1: każda emocja ma swoją częstotliwość. Według mapy Hawkinsa strach wibruje nisko (poniżej 100), akceptacja zaczyna leczyć (350), a miłość zaczyna przemieniać (500+).

Nie potrzebujesz do tego nauk ścisłych: wystarczy obserwować, jak reaguje twoje ciało na to, co konsumujesz. To wystarczający dowód.

Od ponad pięciu lat nie konsumuję wiadomości ani nie słucham muzyki o niskiej wibracji. Co to jest „niska wibracja"? Wszystko, co wzmacnia poczucie winy, strach, nienawiść lub poczucie bycia ofiarą. Odkąd porzuciłem te środowiska, nie potrzebuję już szpitali ani leków.

Oczywiście, mimo że świadomość wzrasta, nadal mamy ciała i lekcje do przejścia. Przechodziłem gorączki i dolegliwości, ale teraz rozumiem, że choroby nie są wrogami, ale posłańcami: pokazują mi to, czego nie widziałem, a co było ważne, aby dalej się rozwijać.

Trudności nie znikają. Zmienia się tylko to, skąd je przechodzimy. Nie szukam już rozwiązania w problemie. Dzisiaj mam czysty umysł, czyste ciało i dzięki temu jasne pomysły, aby stworzyć kontekst, w którym uzdrowienie następuje samoistnie, ponieważ nie myślę o chorobie.

Włączyłem dźwięki o wysokiej częstotliwości do mojego codziennego życia: muzykę Solfeggio, misy tybetańskie, muzykę leczniczą, operę, muzykę sakralną. Wszystko, co harmonizuje otoczenie, harmonizuje również wnętrze. Dlaczego? Ponieważ komórki wibrują w rytmie kontekstu, który im nadajesz.

Nie chodzi o to, że słuchanie piosenki samo w sobie leczy. Leczy, ponieważ przestajesz opierać się życiu, a dźwięk staje się kanałem oddania. To samo dzieje się, gdy używasz instrumentów, tworzysz, piszesz, gotujesz, błogosławisz, tańczysz, śmiejesz się, poruszasz się z intencją lub po prostu wychodzisz na spacer, oddychając świeżym powietrzem i czując promienie słońca na twarzy. Wszystko to podnosi twoją częstotliwość, a im wyżej wibrujesz, tym bliżej Boga jesteś. A wtedy... pojawia się mniej chorób. Czyżby Bóg chorował?

Wiele osób kontaktuje się ze mną, chcąc wyleczyć konkretne choroby. A ja im mówię: *Nie leczyć. Żyj tak, jak żyłby Bóg.* A kiedy żyjesz pełnią życia, ciało robi resztę.

> *„Uzdrawianie nie polega na naprawianiu tego, co jest zepsute. Polega na uznaniu, że nigdy nie było zepsute. Po prostu zinterpretowało doświadczenie z perspektywy strachu".*

Choroba nie jest karą. Jest szansą. Ciało nie może samo zachorować. Umysł nie może sam zachorować. Duch nigdy nie może zachorować.

Więc... kto naprawdę jest chory? Tylko ten, kto zapomina, że już jest zdrowy.

Z biologicznego punktu widzenia ciało zawsze dąży do równowagi. Tak zwana „choroba" jest tylko procesem wewnętrznej regulacji. Ale jeśli opierasz się odczuwaniu, ciało musi krzyczeć to, co umysł przemilczał. Ciało nie krzyczy, ponieważ jest uszkodzone: krzyczy, ponieważ byłeś głuchy na serce.

Każda dolegliwość fizyczna jest niewyrażoną emocją. Brak odczuwania powoduje chorobę. Odczuwanie uwalnia. Uzdrowienie zaczyna się, gdy zajmujesz się tym, czego unikałeś. Energia zaczyna płynąć, gdy decydujesz się odczuwać to, co wcześniej odrzucałeś.

Jeśli przechodzisz przez proces fizyczny lub psychiczny lub jeśli ktoś bliski ci przechodzi przez coś takiego, możesz praktykować tę mantrę:

> *„Anuluję wszelkie systemy myślowe związane z konfliktem (nazwij objaw fizyczny). Wybieram doświadczanie tego uczucia bez oporu. Wybieram uwolnienie tej energii. Wybieram potwierdzenie miłości poprzez to. Jestem istotą nieskończoną. I nie podlegam temu".*

Ta mantra nie jest zaklęciem. Jest pozwoleniem. Pozwoleniem na odczuwanie. A poprzez odczuwanie – na uwolnienie się.

Wyleczyłem bardzo trudne procesy fizyczne w ciągu kilku godzin lub dni, po prostu pamiętając o tym: czas nie leczy. To, co leczy, to częstotliwość, z jaką decydujesz się przeżywać to, co czujesz. A to nie zależy od nikogo innego. Tylko od ciebie.

W następnej sekcji pokażę ci, jak umysł jest najpotężniejszą bronią, jaką posiadasz, i jak był wykorzystywany przeciwko tobie przez dziesięciolecia. Nie po to, żebyś nienawidził systemu, ale żebyś zrozumiał zasady gry... i zaczął grać z otwartymi oczami.

TO NIE PIGUŁKA CIĘ LECZY, TO TWOJA PERCEPCJA

Czy kiedykolwiek powiedziałeś coś w stylu: „Wezmę to, bo mi pomaga" lub „Zawsze, gdy robię to, czuję się lepiej"? Była to po prostu reakcja twojego ciała na sugestię: uwarunkowałeś się, aby reagować w określony sposób po wykonaniu konkretnej czynności. Coś bardzo podobnego do efektu placebo: twoje słowa i myśli kształtują wpływ, jaki dana substancja lub czynność może mieć na ciebie.

Efekt placebo jest jedną z tych fascynujących tajemnic, których wszyscy doświadczamy i z których korzystamy, nie wiedząc o tym. A gdybyś zrozumiał, że moc, której szukasz w tabletce, zawsze tkwiła w Twoim postrzeganiu jej... jak zmieniłby się Twój sposób leczenia?

Mówiąc krótko: jeśli idziesz do lekarza i mówi ci on, że określony lek jest skuteczny w twoim przypadku, wierzysz mu. Dlaczego miałbyś w to wątpić? Przed tobą stoi osoba w białym fartuchu, ze stetoskopem na szyi, w miejscu, do którego wszyscy przychodzą, aby otrzymać to samo, co ty.

Jeśli się nad tym zastanowić, pojawiają się czynniki warunkujące:

- Jeśli jesteś w szpitalu i nosisz biały fartuch, jesteś lekarzem.
- Jeśli jest lekarzem, ma dyplom.
- Jeśli ma dyplom, ma wiedzę.
- Jeśli ma wiedzę, to to, co przepisuje, powinno działać.

Ale tak naprawdę działa to, w co wierzycie, że zadziała.

Ciekawe jest to, że lekarze często przepisują to, co jest „modne" w przypadku danej dolegliwości lub to, co „działa u większości". Rzadko przeprowadzają dogłębne badania, a nawet jeśli to robią, często pomijają niezbędny element: czynnik psychiczny.

Być może pomyślisz: „W takim razie muszę iść do psychologa?". Nie do końca. Oni również są częścią równania, tyle że działają na poziomie umysłu. Nadal przebywają w gabinecie, nadal reprezentują autorytet. To, co naprawdę działa, to przekonanie, że mogą ci pomóc. W rzeczywistości to ty pomagasz sobie poprzez nich.

Prowadzi to do dwóch wniosków:

1. Z poziomu niskich wibracji będziesz podlegać sugestii wszystkiego, nie zdając sobie z tego sprawy, a wszystko, co postrzegasz jako autorytet, będzie wydawało się mieć nad tobą władzę.

2. Z wyższego stanu świadomości rozumiesz, że to ty sam sobie pomagasz, wykorzystując sugestię, że inni mogą ci pomóc.

Idąc nieco dalej, odkrywasz trzecią fazę: nie potrzebujesz pomocy z zewnątrz, ale zrozumienie, akceptację i wewnętrzny spokój. A to możesz dać sobie tylko ty sam, zawsze, już teraz.

Efekt placebo rodzi bardzo interesujące pytania. Na przykład: co by się stało, gdyby podana ci tabletka nie miała żadnych właściwości chemicznych, a była po prostu cukrem? Mimo to wiele badań pokazuje, że może ona wywołać taki sam efekt jak prawdziwy lek. Dlaczego? Ponieważ twój umysł otrzymał polecenie, aby uwierzyć, że wyzdrowiejesz, i tak się stało. Kontekst (kto ją podał, gdzie, jak) miał większe znaczenie niż zawartość (co naprawdę się w niej znajdowało).

> *„Najsilniejszym lekarstwem nie jest substancja, ale postrzeganie, jakie się o niej ma".*

I choć może się to wydawać oszustwem, nie jest nim. W jednym z badań pacjentom powiedziano, że będą przyjmować tabletki z cukrem, ale będą one miały taki sam efekt jak prawdziwy lek. Wyniki były pozytywne: pacjenci poczuli się lepiej, nawet wiedząc, że jest to placebo.

Słynnym przykładem jest pan Wright, u którego w 1957 roku zdiagnozowano raka i skazano na śmierć. Usłyszał o serum o nazwie krebiozen i poprosił o jego podanie. Kilka dni później guzy znacznie się zmniejszyły. Jednak gdy przeczytał, że surowica nie ma naukowego uzasadnienia, natychmiast nastąpił nawrót choroby. Jego lekarz podał mu wtedy wodę, zapewniając, że jest to „skuteczniejsza" wersja, i stan pana Wrighta ponownie się poprawił. Dopóki, po , nie dowiedział się ostatecznie, że lek jest bezużyteczny, zmarł w ciągu kilku dni.

Wright zmarł, ponieważ uwierzył, że nie ma już nadziei. Wyzdrowiał, ponieważ uwierzył, że nadzieja istnieje.

Ta historia wyjaśnia to, o czym wspomniałem wcześniej. Umysł ma ogromną moc, zarówno do leczenia, jak i do wywoływania chorób. Dobra wiadomość jest taka, że kiedy bierzesz na siebie odpowiedzialność, podnosisz swój poziom świadomości i zaczynasz żyć zgodnie z prawdą, możesz zawsze wybierać wysokie wibracje.

Podaję ci przepis na to, aby nigdy nie chorować!

Większość ludzi tego nie rozumie. Uważają, że ważne jest to, co jedzą lub robią, podczas gdy w rzeczywistości znacznie ważniejsze jest to, co myślą o tym, co jedzą lub robią. To Istota — o której mówiliśmy na początku książki — determinuje wyniki danej osoby.

Możesz BYĆ, ROBIĆ lub MIEĆ wszystko, czego pragniesz w życiu. Dosłownie: możesz BYĆ uzdrowieniem, możesz ROBIĆ uzdrowienie i możesz MIEĆ zdrowie każdego dnia swojego życia.

Możesz zanurzyć się w swoim własnym efekcie placebo, robiąc wszystko, co chcesz. W rzeczywistości już to robisz. Pamiętam mojego ojca, który zawsze mawiał, że dla niego wodorowęglan sodu ma cudowne właściwości. Używał go do wielu rzeczy, nawet do leczenia lub oczyszczania swojego organizmu. Czy wodorowęglan jest naprawdę cudownym lekarstwem? Nie, ale dla tych, którzy w to wierzą – tak!

Podobnie jak on, wiele osób stosuje zielone soki, posty, muzykę o wysokiej częstotliwości, rekolekcje duchowe, morze, góry... Cokolwiek wybierzesz, postaraj się, aby było to coś, co samo w sobie jest podniosłe (co ma wysoką wartość według mapy świadomości). Wszystko, co zbliża cię do tego, kim jesteś i do twojej mocy twórczej, wibruje wysoko. Wszystko, co oddala cię od siebie – a tym samym od Boga – wibruje nisko.

> *„Słuchaj swojego ciała, dbaj o swoją duszę i pozwól, aby Twoja intuicja stała się Twoim nowym osobistym lekarzem".*

Jednak wizyta u psychologa lub lekarza, który nie żyje zgodnie z wysokimi standardami, który tylko „wykonuje swoją pracę" bez zagłębiania się w problem, nie będzie zbyt pomocna. Wiedza, którą zdobywają, jest cenna dla zrozumienia praktycznej strony procesu. Jednak to, co podtrzymuje praktyczność, nie jest praktyczne: jest duchowe. I właśnie w tym obszarze należy jak najszybciej zacząć inwestować.

Wielu lekarzy, terapeutów, psychologów i psychiatrów nie jest bezpośrednio odpowiedzialnych za ten system… ale stali się jego najbardziej posłusznymi żołnierzami. Przez lata szkolono ich, aby powtarzali protokoły, zapamiętywali objawy i przepisywali substancje bez kwestionowania ich źródła. To, co wydaje się „szkoleniem", jest w rzeczywistości głębokim programowaniem, które rozpoczyna się na uniwersytecie i jest wzmacniane podczas każdego kongresu finansowanego przez laboratoria. Nauczono ich leczyć poszczególne części, a nie postrzegać człowieka jako całość. Pokazano im, jak wyciszać objawy, a nie jak słuchać duszy.

A jednak większość z nich nadal wierzy, że ich celem jest leczenie. Ale leczenie nie jest ich priorytetem: priorytetem jest stabilizacja dysfunkcji. Współczesna medycyna nie dąży do uzdrowienia, ale do kontroli. A jej główne narzędzia – leki – nie podnoszą częstotliwości ani nie łączą z Bogiem. Tylko znieczulają percepcję, aby nie czuć tego, co trzeba zobaczyć. Stąd ich „skuteczność": wyłączają ciało, ale nie zmieniają przyczyny.

Nie potrzebujesz więcej tabletek, więcej diagnoz, więcej wybawców w białych fartuchach. Musisz ponownie przejąć kontrolę nad swoją energią, swoim ciałem, swoją świadomością. Ponieważ najpotężniejsze lekarstwo nie znajduje się w buteleczce: znajduje się w twojej obecności, w twojej spójności, w twojej Prawdzie. A kiedy to uznasz, przestaniesz oddawać swoją moc tym, którzy mogą dać ci tylko to, na co sam pozwoliłeś.

To nie oni cię leczą. To ty pozwalasz się leczyć przez to, kim według ciebie oni są.

I tu tkwi największe oszustwo: wierząc w ich autorytet, oddajesz im swoją suwerenność. Ale kiedy przypomnisz sobie, że Źródło mieszka w tobie, nie potrzebujesz już pośredników. Musisz tylko powrócić do Boga. Do jedynej Prawdy. Do wieczności, która wszystko leczy.

> *„Kto by zyskał, gdybyś wyleczył się do końca? Nikt. Ale jeśli pozostajesz chronicznie chory, znieczulony, zdiagnozowany i leczony... wtedy stajesz się wiecznym klientem".*

BIZNES UTRZYMYWANIA CIĘ W STANIE CHOROBY

Kiedy ktoś czuje się źle, pierwszą rzeczą, jaką robi, jest pójście do lekarza. Lekarz przepisuje lekarstwo. Lek tłumi objawy. A kiedy objawy zostają stłumione, ciało przestaje komunikować się. To, co wcześniej było sygnałem ostrzegawczym, teraz jest ignorowane. A to, czym się nie zajmuje... pogarsza się.

Prawie nikt nie kwestionuje faktu, że większość pracowników służby zdrowia uczy się powtarzać informacje, a nie wprowadzać zmiany. Przez lata studiują to, co inni określili jako prawdę. Zdają egzaminy, uczą się na pamięć podręczników, a następnie stosują formuły. Ale jeśli odejdą od protokołu, są karani. **System nie nagradza tych, którzy leczą: nagradza tych, którzy są posłuszni.**

Nie oznacza to, że wszyscy lekarze są częścią problemu. Wielu z nich zostało wyszkolonych w systemie, który nigdy nie pokazał im, że zdrowie zależy również od środowiska, umysłu, emocji i stanu wewnętrznego. I to jest prawdziwy punkt ślepy: nie chodzi tylko o to, co dzieje się w ciele, ale o kontekst, w którym to się dzieje.

Ciało choruje, gdy jego środowisko staje się kwaśne, zapalne i utlenione. Nie są to przypadkowe terminy: kwasowość i utlenianie to stany wewnętrzne, które osłabiają komórki i zaburzają komunikację układu odpornościowego. A to środowisko wewnętrzne jest bezpośrednio uzależnione od tego, co jesz, oddychasz, myślisz i czujesz. Podam kilka przykładów, które mogą posłużyć jako wskazówki

Pokarmy zakwaszające:

- Cukier rafinowany (i syropy, takie jak syrop kukurydziany o wysokiej zawartości fruktozy)
- Biała mąka (białe pieczywo, przemysłowe makarony, ciastka)
- Alkohol
- Napoje gazowane i energetyczne (wysoce kwaśne i pełne dodatków)
- Smażone potrawy (oleje wielokrotnego użytku, tłuszcze trans)
- Wędliny (kiełbasy, szynki przemysłowe, mortadela)
- Przetworzone mięso (hamburgery z supermarketu, nuggetsy)
- Przemysłowe produkty mleczne (mleko pasteryzowane, sery dojrzewające, jogurty słodzone)

- Nadmiar kofeiny (konwencjonalna kawa, napoje energetyczne)
- Produkty wysoko przetworzone (ciasteczka, przekąski, zupy instant)
- Sztuczne substancje słodzące (aspartam, sukraloza)
- Rafinowane oleje (słonecznikowy, rzepakowy, kukurydziany)

Uwaga: nie wszystkie z nich są „trujące", ale jeśli Twoim celem jest alkaliczne i pełne energii ciało, należy ich unikać lub bardzo ograniczyć ich spożycie.

Produkty alkalizujące:

- Świeże owoce (zwłaszcza arbuz, mango, ananas, papaja, melon, cytryna, limonka)
- Zielone warzywa (szpinak, jarmuż, seler, ogórek, brokuły, rukola)
- Naturalne soki zielone (niepasteryzowane i bez dodatku cukru)
- Woda z cytryną (chociaż poza organizmem jest kwaśna, ma działanie alkalizujące)
- Aktywowane nasiona (chia, słonecznik, dynia, len, sezam)
- Kiełki (lucerna, brokuły, soczewica)
- Wodorosty (spirulina, chlorella, kelp, nori)
- Awokado

- Świeży imbir i kurkuma
- Alkaliczne napary (mniszek lekarski, pokrzywa, mięta)
- Naturalna woda kokosowa
- Oliwa z oliwek extra virgin (surowa)

Wskazówka wibracyjna: im bardziej żywotna jest żywność (świeża, surowa, kiełkująca), tym więcej energii dostarcza i tym bardziej jest alkaliczna.

Kwaśny organizm jest podatny na przewlekłe stany zapalne, zmęczenie, wirusy i wszelkiego rodzaju dolegliwości. Kiedy organizm jest w stanie zapalnym, wszystko ulega zaburzeniu: spada poziom energii, zmniejsza się jasność umysłu, a pole wibracyjn ne spada poniżej 200 na mapie świadomości. W tym przedziale mieszczą się strach, poczucie winy, smutek, apatia. Dokładnie to, co system wzmacnia każdego dnia. Dokładnie to, co utrzymuje cię w stanie odrętwienia.

Jak wyjaśnił Bruce Lipton w swojej książce *„Biologia przekonań"*, to nie geny decydują o twoim zdrowiu, ale środowisko komórkowe. A środowisko to tworzą twoje myśli, odżywianie, otoczenie emocjonalne i poziom stresu. Jeśli żyjesz automatycznie, konsumując bodźce o niskiej częstotliwości i jedząc śmieciowe jedzenie, jak możesz oczekiwać, że twoje ciało będzie dobrze funkcjonować?

Aspiryna tego nie naprawi. Prawie nikt nie wie, że wiele z tych „zwykłych" tabletek niczego nie leczy. Blokują one jedynie sygnały wysyłane przez organizm. Aspiryna na przykład hamuje enzym, aby zmniejszyć ból, ale nie leczy przyczyny. Mówi ciału: „nie mów". A ciało słucha. Ale to, co milczy... pozostaje w ukryciu. A to, co pozostaje w ukryciu i nie jest leczone, w dłuższej perspektywie zaczyna ciążyć...

Ból, zmęczenie, stan zapalny... nie są błędami. Są informacjami, które należy dostrzec.

Rozwiązaniem nie jest wyciszenie objawów, ale oczyszczenie organizmu. A to zaczyna się od przyjęcia do wiadomości, że nikt nie nauczył nas, jak żyć. Że wielu ludzi uważa się za zdrowych, ponieważ nie mają gorączki, ale w środku są pełni zapalenia. Że jeśli pragniesz wysokiego poziomu życia, potrzebujesz wewnętrznego systemu alkalicznego, a nie zakwaszonego przez fast foody, chroniczny stres i negatywne myśli.

Podsumowując: nie chodzi o „walkę" z chorobą, ale o zaprzestanie jej kultywowania. W tym celu musimy zająć się wewnętrznym środowiskiem, które tworzymy każdego dnia. Ponieważ to, co wyraża ciało, jest tylko odbiciem tego, na co pozwoliła świadomość.

Nie chodzi o tabletkę. Chodzi o środowisko. A najważniejsze środowisko... to to, które sam wybierasz.

> *„Toksyczne pokarmy powodują stany zapalne w organizmie; stany zapalne powodują gęste emocje; gęste emocje prowadzą do lekarza; lekarz przepisuje leki, które tłumią objawy, ale nie leczą; i tak rodzi się uzależnienie".*

Dlatego, kiedy wybieramy Prawdę, Prawda nas wyzwala. To boli, to prawda. Ale jeśli jesteś podobny do mnie, wiem, że wolisz żyć życiem, które trochę boli, ale jest prawdziwe, niż życiem, które pozornie jest radosne, ale jest całkowicie fałszywe.

Napisałem tę książkę, aby pomóc ludzkości obudzić się z letargu, w którym pogrążyła się. Letargu wywołanego rozproszeniem uwagi, strachem i podziałami. Zbiorowego odrętwienia, które sprawiło, że zachowywaliśmy się tak, jakbyśmy nie wiedzieli, co jest słuszne, jakbyśmy ignorowali Prawdę.

Ale Prawda nie jest czymś, czego szuka się na zewnątrz. Jest czymś, co każdy nosi w sobie, choć często wybiera, by jej nie dostrzegać... ponieważ dostrzeżenie jej boli. Ponieważ dostrzeżenie jej wymaga wyrzeczenia się kłamstwa, maski, przywiązań, które dają nam bezpieczeństwo, ale nie spełnienie.

Dlatego dochodzi do punktu, w którym nie można już dłużej unikać tego, co nieuniknione. W którym trzeba podjąć prawdziwą, szczerą, ostateczną decyzję.

Decyzję, która dzieli tych, którzy nadal śpią... od tych, którzy odważają się żyć na jawie.

A ta decyzja zaczyna się od pytania:

Czy wolisz nadal żyć w odrętwieniu i ślepocie, czy też raz na zawsze wybrać życie w Prawdzie i wolności?

Biorąc pod uwagę wszystko, co do tej pory przeszliśmy, naturalne jest, że pojawiają się wątpliwości. Być może czujesz chęć dokonania drastycznych zmian: odstawienia leków, zmiany całego sposobu odżywiania, zaprzestania chodzenia na wizyty lekarskie, całkowitego wycofania się z systemu. I chociaż te decyzje mogą rezonować z prawdą, która budzi się w tobie, nie wszystkie z nich można podjąć od razu. Nie wszystkie też należy podejmować pod wpływem emocji.

Nie jest to wezwanie do reakcji, ale do świadomości. Ważne jest nie tyle działanie dla samego działania, ile jasne wyczucie, kiedy decyzja pochodzi z duszy... a kiedy jest tylko ucieczką zamaskowaną jako „przebudzenie".

Ta książka nie popycha cię, ale towarzyszy ci. Oferuje ci proces. Drogę deprogramowania, na której każda warstwa jest usuwana w odpowiednim czasie. Nie ma skrótów, które pozwolą uniknąć spojrzenia do wewnątrz. Nie ma formuł, które zastąpią twoją zdolność rozróżniania.

Dlatego nie chodzi – jak wielokrotnie powtarzałem – o obwinianie ani wskazywanie palcem. Chodzi o słuchanie. O pozwolenie, aby Prawda wykonała swoją pracę w tobie. O poddanie się temu cichemu głosowi, który, jeśli odważysz się mu zaufać, jasno wskaże ci następny krok. Nawet jeśli jest to niewygodne. Nawet jeśli jeszcze tego nie rozumiesz.

Ale będziesz wiedzieć. Ponieważ poczujesz, że to prawda.

CHOROBA JEST ILUZJĄ

Ze względu na dualizm, w którym żyjemy, tak samo jak wierzymy, że można zachorować, musimy zrozumieć, że choroba sama w sobie nie jest rzeczywista. Psychologicznie pojawia się ona poprzez tak zwany efekt nocebo. Efekt ten, przeciwieństwo placebo, opisuje naszą zdolność do wierzenia, że coś nam zaszkodzi, i przekształcania tego przekonania w samospełniającą się przepowiednię.

W 1960 r. wykazało to badanie z udziałem pacjentów z astmą: 40 osobom podano inhalatory zawierające wyłącznie parę wodną, ale powiedziano im, że zawierają one substancje drażniące. Wynik: 9 z nich (48%) wykazało objawy astmy, takie jak skurcz dróg oddechowych, a 12 (30%) doświadczyło pełnych ataków astmy. Później podano im identyczne inhalatory, al , ale zapewniono ich, że zawierają lekarstwo, i drogi oddechowe u wszystkich się otworzyły. W obu sytuacjach pacjenci zareagowali na sugestię zaszczepioną w ich umysłach, uzyskując dokładnie oczekiwany efekt.

Kto był prawdziwym lekarzem w tym eksperymencie? Umysł. A jaka była recepta? Przekonanie.

To prowadzi nas do pytania: na ile jesteś podatny na sugestie? W jakim stopniu możesz zmienić swój stan istnienia? Jakie proroctwa tworzysz w swoim umyśle, które mogą się spełnić, nawet jeśli tego nie zauważysz?

Łatwo zrozumieć, że szczepionka będzie dla ciebie dobra, jeśli w to wierzysz, a nie będzie, jeśli wierzysz w coś przeciwnego. Takie przesłania często budzą niepokój, ponieważ wydają się zachęcać do „nieodpowiedzialności". Ale czy nie jest bardziej nieodpowiedzialne życie bez zadawania pytań, unikanie zrozumienia dualności, w której istniejemy? Czy nie jest bardziej nieodpowiedzialne zapominanie, że jesteśmy istotami duchowymi, a nie tylko fizycznymi ciałami? Kontynuowanie tej gry jako ofiary skutków, a nie odpowiedzialni za przyczyny, jest z tego punktu widzenia największą nieodpowiedzialnością.

Powiem to jasno i bezpośrednio: jeśli kiedy czujesz się źle, pierwszą rzeczą, jaką robisz, jest zażycie leku, ponieważ „dobrze ci robi", to dobrze ci zrobi, ale pamiętaj: to dlatego, że tak uważasz. Nie potrzebujesz tego. Żal mi twojego lekarza, twoich badań i wszystkich przekonań, które sprawiły, że myślałeś, że to lek cię ratuje. Nie ratuje i nigdy nie będzie ratował. Medycyna może pomóc do pewnego stopnia, ale praca wewnętrzna jest nieodzowna.

Istnieją setki przypadków guzów, które zniknęły w jednej chwili. Kości, które zostały wyprostowane w ciągu kilku sekund.

Przewlekłe dolegliwości, które ustąpiły w ciągu kilku minut. Uzdrowienie, podobnie jak choroba, nie zależy od czasu: zależy od świadomości.

Tłumione emocje powodują choroby, podobnie jak przekonanie, że można zachorować.

To proste: jeśli zrozumiesz to, co tutaj przekazuję, możesz uwierzyć, że nie potrzebujesz leków, że samo świadome oddychanie leczy cię lub że odczuwanie emocji może wywołać proces miłości tak głębokiej, że uwalnia cię od cierpienia.

> *„Nie chodzi o zaprzeczanie temu, co boli, ale o nieoddawanie kontroli temu, co nigdy nie było przyczyną".*

Ostatecznie nie jest ważne to, co robisz, ale to, abyś był świadomy, że to, co zewnętrzne, jest zewnętrzne: to nie jesteś ty, chociaż ma to bezpośredni wpływ na ciebie, ponieważ to ty decydujesz, jaki będzie to miało wpływ. Niezależnie od tego, czy jesteś tego świadomy, czy nie, tak właśnie działa.

Na poziomie globalnym, jeśli wszyscy wierzymy, że istnieje wysoce zaraźliwy wirus, to tylko wzmacniamy nasze własne proroctwo. Nie możemy zmienić globalnej rzeczywistości, ale możemy zmienić naszą osobistą rzeczywistość. I stamtąd przyczynić się do zbiorowej zmiany.

> *„Masa tworzy normę, ale jednostka tworzy zmianę".*

Tak czy inaczej, coś znormalizujemy. To od nas zależy, czy znormalizujemy cierpienie i chorobę, czy też pokój i uzdrowienie. Od nikogo innego. Oznacza to przyjęcie 100% odpowiedzialności za nasze życie . Uświadomienie sobie w każdej chwili, że Twoje słowa tworzą rzeczywistość, że Twoje myśli kształtują Twój świat, a emocje kierują Twoim życiem.

Każda powstrzymywana emocja jest nieświadomą modlitwą. Żyjesz tym, z czym się dostrajasz i doświadczasz tego, co akceptujesz jako część siebie. Pytanie brzmi: co zaakceptujesz jako prawdę? Że możesz wyleczyć się swoimi myślami, czy że potrzebujesz leków? Że nie możesz zmienić swojej rzeczywistości, czy że twoje myśli ją tworzą i dlatego możesz ją przekształcić? Że emocje są po to, aby je odczuwać, czy że tłumienie ich i karanie swojego ciała i umysłu jest słuszne?

> *„To, co akceptuje jako prawdę, staje się prawem w jego wszechświecie".*

Życie jest proste, ale aby poczuć tę prostotę, musisz żyć, a życie oznacza wybór czegoś większego jako przewodnika. Diabeł zawsze tkwi w szczegółach: wątpi, kwestionuje, osądza, sieje strach. Bóg jest w absolutnej, rozległej, ogólnej rzeczywistości, przypominając ci o twojej wewnętrznej pewności, spokoju, miłości i niewinności. Bóg gwarantuje ci szczyt góry, choć nie zapewnia, że podczas wspinaczki nie napotkasz burz ani przeciwności losu. Diabeł będzie ci szeptał, że może powinieneś zejść, bo to ryzykowne, albo że może to nie jest naprawdę szczyt, na który powinieneś się wspinać.

Bóg i diabeł zawsze będą uczestniczyć w tej dualnej grze, tak samo jak zawsze będziecie mieli swobodę samodzielnego myślenia i wyboru, kogo słuchać, a tym samym, którą drogą podążać.

Teraz, gdy rozumiesz istotę tej gry, a twoja świadomość wzrosła do pełnej odpowiedzialności za swoje życie; teraz, gdy dbamy zarówno o twoje zdrowie wewnętrzne, jak i zewnętrzne, a ty rozumiesz, jak działa ten światowy system, nadszedł czas, aby wcielić tę wiadomość w życie. Niech twoja Istota stanie się jednością z Boskością i niech wykorzysta w pełni wrodzoną moc, którą dał nam Bóg.

ODBLOKOWANIE TWOJEJ WRODZONEJ ZDOLNOŚCI DO LECZENIA

Technika ta wykorzystuje w 100% moc twojego umysłu. Uznałem za niezbędne uwzględnienie praktyki, która łączy w sobie to, czego nauczyłem się przez lata badań i doświadczeń w dziedzinie uzdrawiania, w połączeniu z wiedzą, którą potwierdziło nawet CIA w odtajnionych dokumentach. Technika ta jest wyjątkowa; nie znajdziesz jej nigdzie indziej. A jeśli okaże się dla ciebie przydatna, masz moje pozwolenie, aby podzielić się nią z całym światem.

Ta praktyczna metoda, której się nauczysz, odblokowuje twoją zdolność do wyleczenia się z każdej choroby, odmłodzenia, odzyskania witalności i natychmiastowego uwolnienia się od cierpienia. W ciągu około 20 minut będziesz w stanie ponownie się wyrównać, przypomnieć sobie, kim jesteś, i podnieść swoją częstotliwość wibracyjną do stanów takich jak bezwarunkowa miłość (530) i spokój (600).

Technika: Energetyczna Ekspansja Wrodzonego Uzdrawiania (EESI)

Proszę wykonać tę technikę podczas czytania. Informacje naprawdę się integrują, gdy stosuje się je natychmiast, a nie jutro lub „gdy będzie czas". Zrób to teraz, a potem możesz to udoskonalić. Technika ta podzielona jest na trzy fazy z jasnymi krokami, które należy wykonać w miarę czytania.

Faza 1: Przygotowanie – Rozluźnij ciało

Jeśli siedzisz lub leżysz, dostosuj swoją pozycję, aby czuć się komfortowo. Rozluźnij napięcie ramion, szczęki i czoła.

1. **Afirmacja początkowa.** Powtarzaj w myślach: *„Jestem czymś więcej niż tylko fizycznym ciałem. Teraz uwalniam się od wszelkiego napięcia i aktywuję swoją naturalną zdolność do samoleczenia".*

2. **Oddychaj głęboko.** Weź długi, głęboki wdech, wyobrażając sobie, że wchłaniasz jasne zielone światło z wszechświata do swojej głowy. Wstrzymaj oddech na kilka sekund i powoli wydychaj powietrze, uwalniając wszelką zablokowaną energię do podłoża. Powtórz to trzy razy, utrzymując tę wizualizację.

Faza 2: Aktywacja – Stwórz swoją Kulę Uzdrawiającej Energii (KUE)

Wyobraź sobie, że otacza cię kula jasnozielonego światła. Z każdym oddechem kula rozszerza się i wzmacnia.

Powtarzaj w myślach: *„Otacza mnie energia uzdrawiająca, która równoważy i odnawia każdą komórkę mojego ciała".*

1. **Zidentyfikuj obszary wymagające uwagi.** Zapytaj swoje ciało: *„Gdzie potrzebujesz teraz mojej uwagi?"*. Pozwól, aby pojawiło się uczucie: może to być ból, ciężkość lub po prostu myśl wskazująca na dany obszar.

2. **Pręt energii uzdrawiającej (BES).** Wizualizuj, że trzymasz w dłoniach pręt fioletowego światła. Skieruj go na obszar, który zidentyfikowałeś. Powtarzaj: *„Oczyszczam, równoważę i przywracam tę część mojego ciała energią uzdrawiającą"*.

Faza 3: Manifestacja — Wyobraź sobie swoje uzdrowienie

Wyobraź sobie, że każda komórka pracuje w harmonii, promieniując jasnym światłem. Jeśli nie potrafisz tego sobie wyobrazić, powtarzaj: *„Moje komórki wiedzą, jak się leczyć. Jestem kompletny, zrównoważony i zdrowy"*.

1. **Połącz się ze swoją wewnętrzną prawdą.** Pozwól sobie poczuć pewność, że już się leczysz. Zwróć uwagę na wszelkie zmiany: ulgę, spokój lub ciepło w niektórych obszarach.

2. **Zakotwicz się.** Po zakończeniu połóż dłonie na sercu, weź głęboki oddech i powiedz: *„Dziękuję ci, moje ciało, za to, że wiesz, jak się leczyć. Dziękuję ci za tę chwilę ekspansji i odnowy"*.

Jeśli zrozumiesz, że masz moc przekształcania swojej rzeczywistości od wewnątrz, zrozumiesz już istotę tej książki. Od tej pory będziesz rozszerzać swoje światło, aby dzielić się nim ze światem.

Ale aby podążać ku prawdzie, trzeba wiedzieć, skąd pochodzimy. Kontrola, której doświadczamy dzisiaj, nie zaczęła się wraz z pojawieniem się technologii. Zaczęła się znacznie wcześniej, ukryła się w opowieściach, została zakodowana w historii, zapisana w DNA.

To, co nadchodzi teraz, nie ma na celu przestraszyć cię, ale wyzwolić. Ponieważ jedynym sposobem na wyjście z więzienia jest uznanie, że się w nim znajdujesz. A jedynym sposobem na przebudzenie... jest przypomnienie sobie.

Zapalmy lampę. Nie po to, aby patrzeć na przeszłość ze strachem, ale aby spojrzeć na teraźniejszość nowymi oczami.

CZĘŚĆ 2: ZAPALANIE LAMPY W TAJEMNICY

Co by się stało, gdybyśmy nie zostali stworzeni przez przypadek ani przez samotnego boga, ale przez istoty inteligentne, które zstąpiły z gwiazd, aby zasiać w nas swój kod?

W świecie, w którym miliardy ludzi nadal wierzą, że zostaliśmy stworzeni w jednej chwili przez jednego stwórcę, kwestionowanie tych przekonań automatycznie wywołuje kontrowersje. To samo dzieje się, gdy podważa się naukową wersję, która twierdzi, że jesteśmy wyłącznie wynikiem ewolucji. Jednak niezależnie od tego, kto ma rację, obie te wizje uwzględniają tylko połowę historii.

Dzisiaj nawet renomowani naukowcy i badacze zaczynają przyznawać to, co wcześniej było nie do pomyślenia: że gatunek ludzki mógł zostać zaprojektowany, przyspieszony lub interweniowany przez istoty niebędące ludźmi. I nie mówimy tu o wierze lub przekonaniach, ale o faktach, odkryciach i wzorcach, które nie pasują do oficjalnej narracji.

Poniżej przedstawimy niektóre z najbardziej dyskutowanych, ale także najbardziej odkrywczych dowodów. Być może nigdy nie zadałeś sobie tych pytań, ale pod koniec tego rozdziału nie będzie można ich zignorować. Ponieważ odkrywając, kto cię stworzył, przypomnisz sobie również, kim jesteś.

NIEODPOWIEDZIALNE DOWODY NA TO, KIM JESTEŚMY

Dowód 1: Wielki Wybuch mózgu

W 2004 roku naukowcy z Uniwersytetu Chicagowskiego opublikowali jednoznaczne badania: rozwój ludzkiego mózgu nie mógł być stopniowy. Około 50 000 lat temu nastąpiła gwałtowna zmiana, która pozwoliła nam przejść od rysowania w jaskiniach do tworzenia całych cywilizacji.

Jednym z kluczowych elementów była mutacja genu **FOXP2**, odpowiedzialnego za język i myślenie abstrakcyjne. Chociaż występuje on u innych zwierząt, u ludzi uległ on specyficznej zmianie , co spowodowało gwałtowny wzrost naszych zdolności poznawczych.

Jakby tego było mało, ta zmiana genetyczna zbiega się dokładnie z tajemniczym zanikiem neandertalczyków... i pojawieniem się rysunków naskalnych przedstawiających istoty niebędące ludźmi, o obcych kształtach i proporcjach. Zbieg okoliczności... czy kontakt?

Dowód 2: DNA z sygnaturą inżynierii

W 2013 roku fizycy z Narodowego Uniwersytetu Kazachstanu wysunęli rewolucyjną hipotezę: ludzkie DNA zawiera tak wyrafinowany kod matematyczny, że wydaje się być zaprojektowane z milimetrową precyzją. Jego dokładność, symboliczna struktura i zdolność do „archiwizowania" informacji bardziej przypominają inteligentne oprogramowanie niż produkt przypadku.

Co więcej, naukowcy ci sugerowali, że pewne fragmenty naszego DNA funkcjonują jako odbiorniki zewnętrznej inteligencji. Tak jakby ciało było anteną zdolną do nawiązania kontaktu z tym, kto je stworzył. Brzmi znajomo? Ciało jako świątynia ducha, jako bezpośredni kanał komunikacji z boskością.

W tym miejscu pojawia się koncepcja równie niepokojąca, co odkrywcza: **"biologiczne SETI"**. SETI, program poszukiwania pozaziemskiej inteligencji, od dziesięcioleci nasłuchuje sygnałów radiowych w przestrzeni kosmicznej. Ale... co jeśli prawdziwy sygnał nie pochodzi z nieba, ale znajduje się w nas?

Biologiczne SETI właśnie to sugeruje: że zaawansowana cywilizacja nie wysyłałaby wiadomości za pomocą fal radiowych, ale pozostawiłaby swój genetyczny ślad w DNA innych gatunków, czekając, aż ewoluują one na tyle, by odczytać wiadomość i przypomnieć sobie, kim są.

To właśnie dzieje się teraz: duchowe przebudzenie, które odczuwa tak wielu, nie jest przypadkiem. Jest to aktywacja komórkowa. Wezwanie powrotne zakodowane w naszym pochodzeniu.

Ciało jako antena. DNA jako wiadomość. Dusza jako odbiornik. To nie jest science fiction. Jest to coś, co wielu naukowców już odważa się powiedzieć... mimo że próbuje się ich uciszyć.

Dowód 3: Mitochondrialna Ewa

Postępy w genetyce ujawniły coś fascynującego: wszyscy żyjący ludzie mają wspólną przodkinię – kobietę o nazwi . Nie jest to mit, tylko biologia: **mitochondrialna Ewa**.

Kobieta ta żyła około 200 000 lat temu, a jej mitochondrialne DNA jest nadal obecne w każdym z nas. Jednak jej pojawienie się zbiegło się w czasie z katastrofalnym wydarzeniem, które niemal doprowadziło do wyginięcia ludzkości. Przetrwała tylko jej linia rodowa.

Czy był to przypadek... czy też restart? Dlaczego nagle pojawiło się tak wiele różnych ras ludzkich w tak krótkim czasie? I dlaczego nadal nie potrafimy w pełni wyjaśnić ewolucyjnego „skoku", który doprowadził nas do tego miejsca?

Dowód 4: Anomalia RH ujemna

Czy wiesz, że jeśli kobieta z krwią RH ujemną zajdzie w ciążę z płodem RH dodatnim, jej organizm może zaatakować go jak intruza? Nie ma to precedensu w naturze.

Około 15% światowej populacji ma krew RH ujemną, ale koncentruje się ona szczególnie w określonych regionach, takich jak Kraj Basków, którego język i genetyka do dziś pozostają tajemnicą.

Do tej rzadkości dochodzą inne cechy szczególne: większa intuicja, wrażliwość parapsychiczna, niższa temperatura ciała, dodatkowe kręgi... a nawet wysoki odsetek osób z tym typem krwi zgłasza doświadczenia paranormalne lub obserwacje niezidentyfikowanych obiektów latających.

Czy mamy do czynienia z hybrydową linią rodową? Celową modyfikacją genetyczną? I dlaczego ta odmiana krwi charakteryzuje również znaczną część europejskiej rodziny królewskiej?

Biblia wspomina o tym w subtelny sposób:

„W owych czasach byli na ziemi giganci, a także potem, gdy synowie Boży zbliżyli się do córek ludzkich i spłodzili z nimi dzieci. To byli mężowie sławni od dawna" *(Księga Rodzaju 6:4)*.

Dowód 5: Brakujące ogniwo

Teoria ewolucji głosi, że stopniowo wyewoluowaliśmy z małp. Jednak dowody kopalne nie potwierdzają tej teorii. Przez miliony lat nie nastąpiły żadne znaczące zmiany, a nagle, około 200 000 lat temu... pojawił się *Homo sapiens*, wyposażony w inteligencję, której nie można wyjaśnić wyłącznie poprzez dobór naturalny.

Skok był tak gwałtowny, że słynne „brakujące ogniwo" nigdy nie zostało znalezione. Być może dlatego, że nie zaginęło. Być może nigdy nie istniało. Istnieją jednak ślady interwencji, sztucznego przyspieszenia. Jeśli było to możliwe... kto to zrobił i w jakim celu?

Dowód 6: Podwójna helisa przed jej odkryciem

Struktura DNA została odkryta w 1960 roku. Jednak tysiące lat wcześniej starożytne kultury wyryły symbol podwójnej helisy na kamieniach, świątyniach i ruinach. Skąd to wiedziały?

Kaduceusz – dwa splecione węże ze skrzydłami – pojawia się w mitologiach całego świata: sumeryjskiej, egipskiej, greckiej, rzymskiej. Reprezentował bogów, którzy zstąpili z nieba, mistrzów alchemii, uzdrawiania i handlu. Czy to przypadek, że te same funkcje przypisywano *Anunnaki* w sumeryjskich tabliczkach?

Podwójna helisa nie tylko reprezentuje nasze DNA. Symbolizuje również źródło, z którego pochodzi, a według starożytnych źródło to pochodziło z nieba.

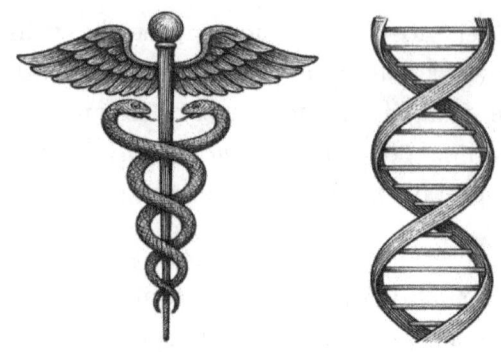

Kaduceusz i DNA

Co by było, gdyby wszystkie te informacje nie były tu tylko po to, aby nas fascynować, ale aby nas aktywować? Bo jeśli ktoś zasiał inteligentne życie na tej planecie, a my jesteśmy częścią tego zasiewu... to nie jesteśmy zwykłymi ewoluowanymi zwierzętami. Jesteśmy ucieleśnioną świadomością z kosmicznym celem.

Nie chodzi tu o kosmitów. Chodzi o przypomnienie sobie zapomnianego przymierza z naszym pochodzeniem. A każde przymierze, o którym się pamięta... wymaga działania.

Być może ludzie nie są po prostu „ludźmi", ale czymś znacznie więcej... lub znacznie mniej. Być może nasza egzystencja jest tak mała i nieistotna, że w końcu nic nie ma sensu, lub że absolutnie wszystko ma sens.

Tę kwestię poruszymy pod koniec książki. Na razie nadszedł czas, aby przedstawić naszych przodków.

PRZODKOWIE CAŁEJ LUDZKOŚCI

Kiedy zaczyna się prawdziwe badanie, nie znajduje się sprzeczności, ale milczenie. Milczenie niewygodne, wybiórcze, a przede wszystkim celowe. To tak, jakby ktoś nie chciał, abyśmy połączyli wszystkie elementy układanki. Ale elementy są tam: w starych książkach, w niemożliwych śladach, w pomnikach, które przeczą logice, w dowodach usuniętych przez instytucje, które twierdzą, że strzegą „prawdy".

Biblijna opowieść z Księgi Rodzaju jasno to stwierdza: *„W owych czasach byli na ziemi giganci, a także później, gdy synowie Boży połączyli się z córkami ludzkimi"*. To stwierdzenie, uważane przez wielu za symboliczne, nabiera innego wymiaru, gdy odkrywamy, że na całym świecie istnieją ślady, szkielety i struktury, które dowodzą, że rzeczywiście istniały istoty o niezwykłych rozmiarach, chodzące po tej planecie.

Ślady i kości, które nie pasują do oficjalnej historii

Znaleziono skamieniałe ślady ludzkich stóp o długości do 1,30 metra, o proporcjach identycznych jak nasze: pięć palców, pięta, łuk stopy. Znaleziono je w Afryce, Ameryce i Azji. Jak to wyjaśnić, jeśli nie istnieli giganci?

Do tego dochodzi historyczny pozew sądowy: w 2015 roku Sąd Najwyższy Stanów Zjednoczonych zmusił Instytut Smithsona do przyznania się, że w XX wieku zniszczył tysiące szkieletów gigantów. Świadek przedstawił kość udową o długości ponad jednego metra wraz z listem podpisanym przez byłego pracownika instytutu, który potwierdzał istnienie magazynów pełnych gigantycznych szczątków kostnych w latach 20. Instytucja przyznała się do tych faktów, ale uzasadniła je twierdzeniem, że były one „niezgodne z przyjętą wiedzą naukową". Nie powiedziała jednak, że bez względu na to, ile kości ukryje, są ślady, których nie da się pogrzebać.

Ręce, które opowiadają inną historię

Podczas wykopalisk w pobliżu starożytnego pałacu Avaris w Egipcie znaleziono 16 amputowanych prawych dłoni, wszystkie o dużych rozmiarach: od 25 do 31 centymetrów długości. Według archeologów mogły one należeć do ludzi o wzroście od 2,70 do 2,90 metra. Wojownicy? Istoty innego gatunku? Odkrycie to wydaje się potwierdzać starożytne egipskie opowieści o żołnierzach, którzy odcinali ręce gigantycznym wrogom, aby przejąć ich moc.

Megakonstrukcje

Kolejną wskazówką, że na Ziemi istniały istoty o inteligencji znacznie przewyższającej obecną – lub po prostu giganty – są budowle, które do dziś pozostają poza wszelkim logicznym wyjaśnieniem. I nie mówię tu tylko o piramidach w Egipcie: cała planeta jest usiana niemożliwymi konstrukcjami.

Piramidy egipskie zostały zbudowane z ponad 2,3 miliona bloków granitu, z których każdy ważył średnio 2,5 tony, a niektóre nawet 60 ton.

Ale to nie wszystko: współrzędne geograficzne Wielkiej Piramidy w Gizie to **29,9792458°**, dokładnie t , czyli te same liczby, co prędkość światła (**299 792 458 m/s**). Czy to tylko zbieg okoliczności?

Ponadto trzy piramidy w Gizie są ustawione w linii z trzema gwiazdami pasa Oriona (Alnitak, Alnilam i Mintaka). To samo ustawienie powtarza się w Teotihuacán (Meksyk) i Xi'an (Chiny), z różnicami mniejszymi niż 0,05°. Ile cywilizacji, bez widocznego kontaktu między sobą, zdecydowało się zbudować świątynie i piramidy dokładnie według tych samych gwiazd?

Jakby tego było mało, te wielkie budowle – piramidy w Egipcie, Meksyku, Chinach i Kambodży – są ustawione wzdłuż tej samej linii geodezyjnej znanej jako *Wielki Krąg*, precyzyjna linia biegnąca wzdłuż całego obwodu planety. Żadna z tych cywilizacji nie wiedziała rzekomo, że Ziemia jest kulą.

W Wielkiej Piramidzie Cheopsa nie znaleziono mumii, hieroglifów ani dekoracji pogrzebowych. Komory wewnętrzne są rozmieszczone z taką precyzją astronomiczną i akustyczną, że niektórzy badacze twierdzą, że działały one jak urządzenia rezonansowe.

Niedawno miałem okazję odwiedzić piramidy w Gizie. Od dziecka marzyłem o podróży do Egiptu i zobaczeniu ich. Pierwszego dnia pobytu spotkało mnie wielkie rozczarowanie: wszystko było skomercjalizowane i wydawało się, że bardziej niż pomóc mi, chcieli mi coś sprzedać.

Mimo to sama obecność w pobliżu piramid pozwala zanurzyć się w ich polu wibracyjnym. Jest to coś niematerialnego, prawie niewyczuwalnego dla naszego ludzkiego ego, ale niezaprzeczalnego: obecność piramid jest niezwykle silna.

Jeśli kiedykolwiek je odwiedzisz i poczujesz to samo, co ja, powiem ci tylko jedno: idź z otwartym umysłem. Jest to miejsce sprywatyzowane, pełne turystów i handlu, ale jeśli pozwolisz sobie na obserwację i wsłuchanie się w siebie, doświadczenie to stanie się czymś świętym.

Kontynuując temat starożytnych zabytków, w Ameryce Południowej znajduje się **Sacsayhuamán**, megalityczna forteca w Cuzco w Peru, gdzie wzniesiono ciągłe mury o wysokości 9 metrów, zbudowane z bloków o wadze 90, 125, a nawet 350 ton każdy, na obszarze ponad 3000 hektarów.

Niedaleko stąd, również w Peru, znajduje się miasto **Ollantaytambo**, zbudowane z monolitów o wadze od 12 do 40 ton, oraz imponujące **Machu Picchu**, zbudowane z bloków o wadze do 120 ton.

W Azji na uwagę zasługuje **platforma Baalbek**, wzniesiona z bloków o wadze od 900 do 1100 ton. Zaledwie 7 kilometrów dalej leżały trzy jeszcze bardziej zaskakujące megality: o wadze 1000, 1242, a nawet 1650 ton, których pochodzenie pozostaje tajemnicą.

Najbardziej uderzające jest to, że cięcia tych bloków mają tolerancję milimetrową, niemożliwą do osiągnięcia nawet przy użyciu nowoczesnej technologii bez precyzyjnych narzędzi laserowych. Inżynier Chris Dunn wykazał, że w Gizie niektóre cięcia mają złożone trójwymiarowe krzywizny, jakby użyto do tego maszyn obrotowych o wysokiej częstotliwości. W samym środku epoki brązu?

Co ciekawe, w **Księdze Henocha**, w rozdziale 7, stwierdza się, że Bóg otworzył pustynię Dudael, aby schwytać upadłych aniołów, tych, którzy niepokoili ludzkość. Ta sama pustynia znajduje się w dzisiejszym Libanie, gdzie leżą monolity o masie 1650 ton.

W jaki sposób starożytne ludy zdołały wykonać takie dzieła architektoniczne, które do dziś pozostają niewyjaśnione? Czy liczyły na pomoc pozaziemską? Czy istniały gigantyczne istoty zdolne do przenoszenia takich kamiennych kolosów? Być może jedno i drugie. I chociaż nie mamy ostatecznej odpowiedzi, nie możemy nadal zaprzeczać, że konstrukcje te istnieją, podważają znane prawa i wskazują na nieunikniony wniosek: historia ludzkości wymaga przepisania.

JUŻ TERAZ PRZEPISUJEMY HISTORIĘ

Nie trzeba, aby potwierdził to archeolog. Czytając te słowa i pisząc je, już zmieniamy narrację. Już ratujemy historię pogrzebaną przez wieki manipulacji.

Wiem, że może się to wydawać zbytnią przesadą. Ale nie lekceważ mocy podnoszenia poziomu świadomości: zmienia to twoją częstotliwość, a twoja częstotliwość przekształca twoją rzeczywistość.

Każdy przebudzony człowiek przepisuje historię. Nie poprzez wojny. Nie poprzez dekrety. Ale poprzez swoją obecność. Poprzez determinację. Poprzez nieustanne poszukiwania.

Chcesz zmienić świat? Zmień swoje postrzeganie świata.

Chcesz poznać prawdę? Żyj prawdą.

Świat nie potrzebuje kolejnej oficjalnej wersji. Potrzebuje ludzi, którzy pamiętają, że niemożliwe już się wydarzyło... i znów się dzieje.

KOBIETA O WZROŚCIE PRAWIE 8 METRÓW

W 1984 roku w Ekwadorze znaleziono szczątki gigantycznej kobiety, które następnie przekazano księdzu Carlosowi Vaca. Po jego śmierci kości zostały zbadane przez austriackiego badacza Klausa Donę, który przedstawił wyniki badań na kongresie w Niemczech w 2011 roku. Według jego badań była to **kobieta o**

wzroście około 7,60 metra, która zamieszkiwała pasmo górskie Llanganates.

Szkielet w parku Jungfrau w Szwajcarii

Oprócz tego przypadku istnieje wiele świadectw opisujących obecność istot o wzroście od 3 do 3,50 metra w różnych regionach Ziemi. Jednakże te zapisy bledną w porównaniu z odkryciami takimi jak to w Ekwadorze, które wydają się być autentycznymi anomaliami w starożytnym świecie gigantów.

Obecnie nie spotyka się już przypadków o takiej skali. Chociaż istnieją ludzie, którzy przekraczają dwa metry wzrostu, światowy rekord wynosi zaledwie 2,50 metra. Daleko od starożytnych gigantów, którzy z łatwością przekraczali 3 metry, a nawet znacznie więcej.

Wszystko to, w połączeniu z kolosalnymi rozmiarami wszechświata, w którym żyjemy, zaczyna tracić charakter science fiction i nabiera sensu. Być może dlatego ukrywano przed nami tak wiele rzeczy, fragmentując prawdę. W tej książce łączymy niektóre z tych elementów, aby przynajmniej dostrzec jeden procent układanki.

Może to brzmieć jak fantazja, ponieważ dowody na istnienie gigantów w starożytności są przekonujące, podczas gdy w teraźniejszości wydaje się to niemożliwe. Czy na pewno? Spójrzcie na to, co następuje.

GIGANCI ŻYJĄ WŚRÓD NAS (CENSUROWANE INFORMACJE)

W kwietniu 2022 roku Andrew Dawson, Kanadyjczyk, sfotografował ogromną postać na szczycie góry w Parku Narodowym Jasper w Kanadzie. To, co wyglądało jak słup, po powiększeniu zdjęcia, poruszało się. Andrew miał obsesję. Kilkakrotnie wracał w to miejsce, ale dostęp był zablokowany przez rzekomych agentów wywiadu. Twierdził nawet, że jest obserwowany.

Kilka dni później sfilmował helikoptery działające w pobliżu tego miejsca: jeden podnosił drzewa, drugi przelatywał nad szczytem. Podejrzewał, że coś wydobywają. Kiedy próbował ponownie wejść na górę, został zatrzymany przez mężczyznę w samochodzie, który zablokował mu drogę.

Po kilku dniach milczenia Andrew pojawił się ponownie na filmie, zaprzeczając wszystkim powyższym informacjom i twierdząc, że była to tylko „rozrywka". Jednak jego postawa ciała i zagubione spojrzenie nie były przekonujące. Niedługo potem opublikował film zatytułowany *„Boję się"*, w którym stwierdził: *„Nie mogą zmusić mnie do milczenia"*. Była to jego ostatnia znacząca publikacja. W lipcu Andrew zmarł. W jego nekrologu nie podano przyczyn śmierci.

Sprawa szybko stała się popularna w sieci. Wielu połączyło ją z innym wydarzeniem: **Gigantem z Kandaharu**, rzekomo zabitym przez amerykańskie wojsko w 2002 roku w Afganistanie. Według przeciekających zeznań gigant miał ponad 4 metry wzrostu, sześć palców, dwa rzędy zębów i po zabiciu został przetransportowany helikopterem do bazy wojskowej.

Przypadek? Fikcja? Montaż? Ważne nie jest sprawdzanie każdego szczegółu, ale dostrzeżenie wzorca: kto zbliża się zbytnio do pewnych prawd, znika. Sprawa Andrew może być prawdziwa lub nie, ale reprezentuje coś większego: systematyczną globalną cenzurę wszystkiego, co podważa oficjalną wersję wydarzeń.

Ta książka nie ma na celu przekonania cię do niczego, ale przypomnienie, że historia się nie skończyła. Że cenzura nadal istnieje. Że niemożliwe nadal się dzieje. I że masz wolność – i odpowiedzialność – wyboru życia, które chcesz stworzyć.

Kadr z jednego z filmów nakręconych przez Andrew w Kanadzie, 2022 r.

Wiemy, że ta historia nabiera większej mocy, gdy ogląda się filmy i słucha tego, co mówi Andrew, jak to mówi i co przekazuje. Dlatego nie chcę zostawiać Cię samego z zamazanym obrazem popartym historią chłopca z TikToka. Jeśli chcesz obejrzeć serię filmów i na własne oczy potwierdzić to, co tu przeczytałeś, oraz to, co Andrew opowiedział, a co spowodowało, że został uciszony, zeskanuj poniższy kod QR:

<u>Kod odblokowujący zasób:</u> **222**
(będzie potrzebny po utworzeniu konta)

ŻEGNAJ, TAJEMNICO UFO

Teraz, gdy widzieliśmy, jak historia została zmanipulowana – od gigantów po niemożliwe megakonstrukcje, poprzez śmierć uciszanie tych, którzy ujawniają zbyt wiele – nadszedł czas, aby rzucić światło na kolejną wielką tajemnicę: tak zwane UFO.

Bo jeśli mówimy o przepisywaniu historii, nie można dalej ignorować tego, co oczywiste: niezidentyfikowane obiekty latające są wszędzie.

Nie są to już domysły, przekonania ani szaleństwa „new age". Są to oficjalne rejestry, nagrania ujawnione przez armie, oświadczenia byłych funkcjonariuszy wywiadu i tysiące zwykłych świadków. Ufologia nie jest już tajemnicą: jest to niewygodna rzeczywistość, którą wielu woli nadal nazywać fantazją, aby nie musieć zmieniać swojego obrazu rzeczywistości i otwierać oczu.

Od lat powtarza się pogląd, że kosmici to istoty pochodzące z nieba, mieszkańcy innych planet. Ale... a co, jeśli naprawdę są tutaj, z tobą? Istnieje nieskończona ilość dowodów: UFO wychodzące z wulkanów, obiekty wynurzające się z dna morza, tysiące nagrań świateł poruszających się z niemożliwą prędkością. Są w niebie, na ziemi, w oceanach. Są tutaj.

NIE LUDZKA TECHNOLOGIA JEST LUSTREM DLA ŚPIĄCEJ LUDZKOŚCI

Od dziesięcioleci pojawiają się zeznania naukowców, takich jak **Bob Lazar**, który w 1989 roku twierdził, że pracował nad inżynierią odwrotną statków kosmicznych w tajnych ośrodkach rządowych Stanów Zjednoczonych. Jego oświadczenia dotyczące systemów napędu antygrawitacyjnego, elementów nieznanych ówczesnej nauce i statków kosmicznych niemożliwych do odtworzenia przy użyciu technologii ziemskiej wywołały globalną debatę.

Wielu próbowało go zdyskredytować, ale z czasem kilka faktów potwierdziło niektóre aspekty jego relacji, w tym odkrycie pierwiastka 115 i szczegóły logistyczne dotyczące baz, w których rzekomo pracował.

Niezależnie od tego, czy każdy szczegół jest prawdziwy, czy nie, istotne jest pytanie, które się nasuwa: jeśli te technologie istnieją, co przed nami ukryto... i dlaczego? Dlaczego nadal jesteśmy uzależnieni od energii kopalnej, chorób przewlekłych i niszczenia planety, skoro może istnieć coś wyższego?

Najważniejsze nie jest to, czy statki kosmiczne istnieją. Chodzi o to, czy w nas samych istnieje zdolność przypomnienia sobie, co te statki symbolizują: ekspansję, ewolucję, wyzwolenie się od praw czasu i przestrzeni. Bo jeśli obiekt może zakrzywić czasoprzestrzeń... czy nie może tego zrobić również rozszerzona świadomość?

> *„Wszystko, co pozostaje dla nas ukryte na zewnątrz, jest tylko odbiciem tego, czego zapomnieliśmy dostrzec w sobie".*

TECHNOLOGIA ANTYGRAWITACYJNA

To, co ujawnił Bob Lazar, nie było odosobnionym przypadkiem. Wręcz przeciwnie: jest to część długiego łańcucha ukrytych odkryć, wyeliminowanych technologii i prześladowanych naukowców, którzy próbowali wyzwolić świat.

Mówię tu o jednym z uczniów Nikoli Tesli, **Otisie T. Carrze**, który zaprojektował i publicznie przetestował statek napędzany darmową energią słoneczną, bez potrzeby stosowania paliwa. Jego cel był ambitny: odbyć lot na Księżyc 7 grudnia 1959 roku. Osiągnął wszystko, z wyjątkiem jednej rzeczy: uzyskania pozwolenia.

Dwa tygodnie po ostatnim locie testowym agenci federalni skonfiskowali całe jego laboratorium. Został oskarżony, uciszony i skazany. Jego „przestępstwem" nie było oszukanie kogokolwiek, ale podważenie globalnego systemu energetycznego. Ponieważ jeśli ludzkość uzyska dostęp do darmowej energii, kontrola się załamuje. Bez zależności nie ma dominacji. A bez dominacji gra o władzę wygasa.

To nie jest teoria, to wzorzec. To samo stało się z **Adamem Trombly**, twórcą generatora energii homopolarnej. Jego wynalazek mógł zasilać całe miasta czystą i darmową energią elektryczną. Rezultat? Naloty, sabotaż, groźby śmierci i próby otrucia. Mimo to Trombly kontynuował rozwój technologii energii punktu zerowego i dziś jest uznawany za pioniera w tej dziedzinie. Jednak jego dzieło, podobnie jak dzieła wielu innych, nigdy nie jest nauczane w szkołach.

Dlaczego? Ponieważ system nie nagradza wolności. Tłumi ją. Ponieważ człowiek posiadający wolną energię, wibracyjny zdrowie i prawdziwą suwerenność... nie może być już manipulowany ani programowany.

I tu wracasz. Ponieważ ta informacja nie służy tylko do oburzenia, ale do przypomnienia ci, że ta sama moc, którą próbują stłumić, żyje w tobie i możesz jej użyć w dowolnym momencie, jeśli zdecydujesz się to zrobić.

Przypomina mi to **Viktora Frankl**, psychiatrę i ocalałego z nazistowskich obozów koncentracyjnych, który napisał jedną z najbardziej przełomowych książek XX wieku: *Człowiek w poszukiwaniu sensu*. W obliczu najbardziej nieludzkiego horroru Frankl odkrył prawdę, której nie mogli mu odebrać ani oprawcy, ani głód, ani śmierć: ostateczną wolnością człowieka jest wybór swojego nastawienia w każdej sytuacji.

Zamknięto go, pobito, pozbawiono wszystkiego... oprócz jego wewnętrznej mocy. I to właśnie nam ujawnia: że chociaż nie zawsze możemy wybrać to, co nas spotyka, zawsze możemy wybrać, jak na to zareagujemy. To jest prawdziwa wolność. Dlatego Frankl mówił, że między bodźcem a reakcją istnieje przestrzeń. I w tej przestrzeni tkwi nasza moc wyboru. W naszym wyborze tkwi nasza ewolucja.

To, co Carr, Trombly, Lazar, Royal Rife i wielu innych próbowało uwolnić, to nie tylko technologia: to była świadomość. To była możliwość wyboru innej rzeczywistości. To było przypomnienie, że jesteśmy czymś więcej niż tylko istotami z krwi i kości. I chociaż zostali ocenzurowani, pozostawili po sobie ślady. To, co z nimi zrobisz, zależy od Ciebie.

Wolna energia to nie tylko pojęcie techniczne. To żywa metafora duszy, która odłącza się od strachu i łączy się z kwantowym polem miłości. Wszystko, co mówiono ci, że jest niemożliwe – uzdrowienie, wyzwolenie, latanie, tworzenie nowych rzeczywistości – jest tym, po co przyszła twoja dusza.

Antygrawitacja istnieje. Ale nie tylko na zewnątrz. Również wewnątrz. To, co nastąpi za chwilę, potwierdza to.

A teraz, kiedy to zobaczyłeś, przeczytałeś, poczułeś: nie ma już odwrotu. Połącz elementy. Aktywuj swoją pamięć. I przygotuj się... bo to, co nastąpi, nie jest informacją: jest transformacją.

„Wszystko zawsze było przed naszymi oczami. Ukryte nie dlatego, że niewidoczne, ale dlatego, że oczywiste".

Viktor Stepanovich Grebennikov, radziecki entomolog pasjonujący się owadami i geometrią życia, odkrył w samej naturze technologię, która podważała wszystko, co znane. Analizując skorupy owadów pod mikroskopem, zauważył strukturę geometryczną tak precyzyjną, rytmiczną i wielowymiarową, że wydawała się zaprojektowana przez wyższą inteligencję.

Kiedy ułożył te struktury w stos, zaobserwował zjawiska, których oficjalna nauka nie potrafiła wyjaśnić: lewitujące obiekty, pola antygrawitacyjne i zniekształcenia w czasoprzestrzeni.

Wibracje strukturalne zawarte w tych skorupach były czymś więcej niż tylko biologią. Były kodem. Były świadomością w formie. Były żywą technologią, zaprojektowaną przez uniwersalną inteligencję, która kształtuje wszystko, co istnieje.

Zainspirowany swoim odkryciem Grebennikov zbudował platformę antygrawitacyjną złożoną z setek takich naturalnych struktur. Według jego zapisów urządzenie mogło latać z prędkością ponad 1000 km/h, bez hałasu, bezwładności, oporu… i nie rzucając cienia. Podczas lotu czas ulegał zniekształceniu, ciało nie odczuwało ciśnienia, a statek znikał z pola widzenia.

Czy Grebennikov korzystał z technologii pozaziemskiej? A może miał dostęp do wiedzy ziemskiej, która była przed nami ukrywana od tysiącleci?

Nie da się uniknąć porównań z kulturami starożytnymi. Chrząszcz – obecny w muszlach, których używał – był dla Egipcjan świętym symbolem, kojarzonym z tworzeniem, odrodzeniem i Słońcem. Wielka Piramida w Gizie wykazała natomiast zdolność do skupiania i kierowania energii elektromagnetycznej w sposób podobny do tego, który Grebennikov opisał w swoich eksperymentach. Przypadek czy pamięć?

> *„Wiedza, która porusza gwiazdy, mieszka również w skrzydłach owada. Wszechświat nie ukrywa swoich tajemnic: ujawnia je tym, którzy odważają się spojrzeć poza to, co oczywiste".*

Grebennikov próbował podzielić się swoim odkryciem, ale jego książka została ocenzurowana, zdjęcia usunięte, a jego nazwisko zdyskredytowane. Dlaczego? Ponieważ jeśli potrafi latać bez paliwa, może żyć bez pytania o pozwolenie.

Historia Grebennikova nie jest tylko ciekawostką: jest zaproszeniem do przypomnienia sobie, że wszystko żyje, że wszystko wibruje. Że natura zawiera plany tego, co nazywamy „technologią", ale w rzeczywistości są to świadome przejawy wyższej inteligencji, która szepcze nam: *„Wszystko jest w tobie".*

I dlatego go uciszono. Bo kiedy łączy się świętą geometrię z materią, kiedy rozumie się, że skrzydła owada i piramida podlegają tym samym prawom, kiedy uznaje się, że nie ma rozdzielenia między nauką a duchem... wtedy się budzi.

Grebennikov testuje swój wynalazek.

Jak napisał Grebennikov w swoich ostatnich słowach przed śmiercią:

„Nie ma mistycyzmu. Po prostu my, ludzie, wciąż wiemy niewiele o wszechświecie, który, jak widzimy, nie zawsze akceptuje nasze zbyt ludzkie zasady, założenia i porządki".

OBCY NA NAJGŁĘBSZYM JEZIORZE NA ZIEMI

Kiedy mówi się o UFO, zwykle patrzy się w niebo. Jednak ponad 65% zarejestrowanych obserwacji dotyczy wody: oceanów, głębokich jezior, lodowców. Jeśli istnieje miejsce, w którym skupiają się zjawiska niewytłumaczalne, to jest to jezioro Bajkał na Syberii w Rosji.

Baikal to nie tylko jezioro. Jest to największy i najgłębszy zbiornik słodkiej wody na naszej planecie: zawiera ponad 20% wody powierzchniowej świata, ma prawie dwa kilometry głębokości, ponad 25 milionów lat i jest domem dla tysięcy unikalnych gatunków. Jednak jego tajemnica wykracza daleko poza sferę biologiczną.

Podczas misji wojskowej, udokumentowanej w archiwach radzieckich, grupa nurków zanurkowała na głębokość 50 metrów i twierdziła, że znalazła humanoidalne istoty o wysokości prawie trzech metrów, ubrane w srebrne kombinezony i kuliste hełmy. Podczas próby schwytania jednej z nich niewidzialna siła gwałtownie wyrzuciła ich na powierzchnię. Trzech żołnierzy zginęło. Incydent został udokumentowany, ale nigdy oficjalnie nie został zdementowany. Został po prostu... zarchiwizowany.

Rosyjski historyk Aleksiej Tivanenko, autor tysięcy publikacji, przez lata badał te relacje. Zebrał zeznania rybaków i wieśniaków, którzy twierdzili, że widzieli tych „srebrnych pływaków" wyskakujących z wody, jakby się bawili, nawet w najzimniejsze noce, kiedy temperatura ledwo przekraczała trzy stopnie poniżej zera.

W 2009 roku Międzynarodowa Stacja Kosmiczna wykryła idealnie symetryczne kręgi na lodzie jeziora. Nikt nie był w stanie wyjaśnić ich pochodzenia. Pojawiły się teorie dotyczące emisji metanu, ciepła geotermalnego i anomalii magnetycznych, ale żadna z nich nie wyjaśnia, dlaczego pojawiają się one właśnie w miejscach, gdzie nie powinno być żadnej aktywności. Wyglądają jak otwarte drzwi z głębin.

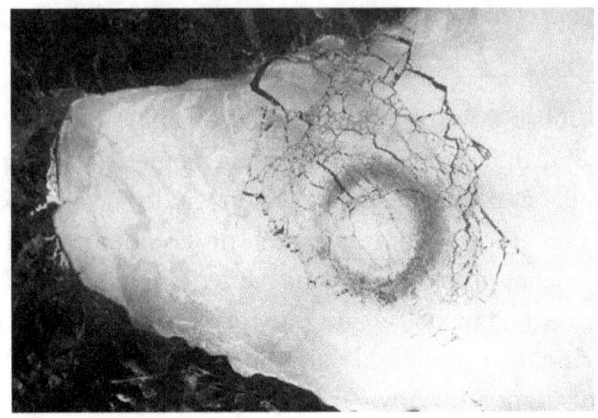

Okrągłe otwory widoczne na jeziorze Bajkał.

Ta możliwość jest niepokojąca tylko wtedy, gdy nadal wierzymy, że Ziemia należy do nas. Co by było, gdyby te istoty nie przybyły z zewnątrz? Co by było, gdyby nigdy nie odeszły? Co by było, gdyby zawsze tu były, pod wodą, obserwując nas?

Nie musisz w to wierzyć, aby stało się to rzeczywistością. Wystarczy, że zrozumiesz, dlaczego zostało to ukryte. Jeśli zaakceptujemy istnienie podwodnych cywilizacji, które opanowały nieznaną nam technologię, wówczas oficjalna narracja o ewolucji, dominacji i postępie legnie w gruzach.

Ponieważ prawdziwym strachem systemu nie jest to, że wierzycie w istnienie kosmitów, ale to, że przestajecie wierzyć w swoje własne ograniczenia. W tych, którzy nadal chcą was przekonać, że jesteście przywiązani do wiadomości, pandemii, szczepionek, aspiryny, inflacji lub tego, co mówią inni.

To, co wyłania się z jeziora Bajkał, nie jest tylko tajemnicą: jest to znak. Zaproszenie do przypomnienia sobie, że głębia zawsze tam była. Nie jako zagrożenie, ale jako Prawda.

WYRAŹNE ZDJĘCIA OSNIS WYŁANIAJĄCYCH SIĘ Z WODY, KTÓRE ZOSTAŁY OCENZUROWANE

W marcu 1971 roku okręt podwodny Marynarki Wojennej Stanów Zjednoczonych zarejestrował sekwencję szokujących zdjęć podczas tajnej misji między Islandią a wyspą Jan Mayen na Północnym Atlantyku. Zdjęcia przedstawiały metalowe obiekty wynurzające się bezpośrednio z oceanu, z precyzją i symetrią niemożliwą do wyjaśnienia za pomocą technologii lądowej.

Co nam to mówi? Że coś niesamowitego nie tylko się wydarzyło... ale zostało udokumentowane, zarchiwizowane i wyciszone. Podczas gdy świat patrzył w niebo, najbardziej odkrywcze wydarzenia miały miejsce pod wodą, z dala od społecznego, kulturowego i naukowego radaru.

Te obrazy nie są tylko dowodem wizualnym. Są potwierdzeniem tego, co wiele starożytnych kultur już przeczuwało: prawda nie ujawnia się krzykami, ale przenika między cieniami. A kiedy obrazowi udaje się uchwycić to, czego nie powinno się widzieć, nie jest on niszczony. Jest cenzurowany.

Miejsce, w którym znajduje się wyspa

Materiał ten został zaklasyfikowany jako poufny i ukrywany przez dziesięciolecia.

POZNAJ JEDYNĄ PRAWDĘ

POZNAJ JEDYNĄ PRAWDĘ

BÓG, BOSKOŚĆ I ISTOTY POZAZIEMSKIE SĄ ZE SOBĄ POWIĄZANE

Po tym wszystkim, co widzieliśmy – statki wychodzące z wody, kręgi na lodzie wykryte z kosmosu, ujawnione dokumenty i giganci, którzy nadal pojawiają się w aktualnych relacjach – prawdziwe pytanie nie brzmi *„czy oni istnieją?"*, ale: *dlaczego nadal to ukrywają?*

Odpowiedź zawsze była przed naszymi oczami.

Wystarczy tylko przyjrzeć się dawnym dziełom: **Madonnie z San Giovanni**, **Chrzcie Chrystusa** lub **Le Livre des Bonnes Moeurs**.

Madonna z San Giovanni (1350): latający obiekt nad prawym ramieniem.

Chrzest Chrystusa (Aert de Gelder, 1710): niebiańska postać emituje światło nad Jezusem, zaskakująco podobna do współczesnego UFO.

Po lewej stronie książka o dobrych obyczajach (z 1404 r.) francuskiego autora Jacques'a Legranda, przedstawiająca kulę identyczną z tą, która spadła w Buga w Kolumbii w 2025 r., przedstawioną po prawej stronie.

Wszystkie przedstawiają to samo: kule, światła, niebiańskie obecności. Najciekawsze jest to, że te same kształty pojawiają się dziś w rzeczywistych nagraniach. Ten sam wzór. Ten sam projekt. Ta sama oficjalna cisza.

Przypadek? Nie. To ciągłość.

Historia jest spójna, tylko że nigdy nie nauczono nas jej jako części historii. Dlaczego? Ponieważ to, co myślisz o przeszłości, określa to, co myślisz o sobie. Jeśli zaakceptujesz, że „bogowie" byli tylko symbolicznymi opowieściami, nigdy nie pozwolisz sobie na aktywację swojego prawdziwego potencjału. Ale jeśli uznasz, że boskość, gwiazdy i świętość zawsze były tym samym, wszystko się zmienia.

Co by się stało, gdybyś również był kanałem tej energii, która pochodziła z gwiazd? Co by się stało, gdyby twoje DNA nie było przypadkiem, ale oprogramowaniem czekającym na aktywację przy pomocy odpowiedniej częstotliwości?

To nie jest folklor. To informacja. Ale nie po to, aby ją gromadzić, ale aby z niej korzystać. Ponieważ jeśli wszystko jest wibracją i wibruje nisko, nigdy nie zobaczysz tego, co jest powyżej. Ale jeśli podniesiesz swój stan, oczyścisz swoje otoczenie i wyostrzysz swoją świadomość... zaczniesz postrzegać to, co zawsze tam było, chociaż wcześniej nie było to dostrojone.

To jest prawdziwa tajemnica „kosmitów": nie są oni gdzieś daleko, ale na innej częstotliwości. Możesz uzyskać do niej dostęp nie za pomocą teleskopów ani teorii, ale poprzez swoje codzienne wibracje.

Dlatego powtarzam: nie chodzi o to, czy wierzyć, czy nie wierzyć. *Chodzi o to, aby pamiętać.* Aby uznać, że historia została napisana po to, aby nas ograniczyć, podczas gdy Prawda wyłania się wszędzie, aby nas poszerzyć.

Matrix nie pęka, patrząc w niebo. Pęka, pamiętając, kto ją śni. A tym kimś... jesteś ty.

PRAWDA NIE JEST NA ZEWNĄTRZ

Po całej tej podróży – przez niemożliwe ruiny, gigantyczne ślady, nieogarnione piramidy, wyciszone opowieści i podwodne statki – jedno staje się niezaprzeczalne: nie wiemy prawie nic. A może wiemy... ale nauczono nas, żeby tego nie pamiętać, więc kiedy prawda o absolutnie wszystkim jest przed nami, po prostu wątpimy.

Nie znam wszystkich odpowiedzi. W rzeczywistości jestem pewien, że ich nie znam. Ale jest coś, od czego nie możemy uciec: dowodów jest tak wiele, są one tak spójne, że nie chodzi już o to, czy wierzyć, czy nie wierzyć. Chodzi o to, aby widzieć. Widzieć z pokorą, zdziwieniem, z pamięcią. Chodzi o to, aby widzieć oczami serca, a nie umysłu.

O tym, aby zobaczyć, że na niebie są obiekty. Obiekty w wodzie. Obiekty pod ziemią. Giganci, którzy chodzili wśród nas. I technologie zdolne zmienić bieg ludzkości, ale które zostały systematycznie wyeliminowane.

Umysł ludzki nie jest przystosowany do zrozumienia wymiarów wykraczających poza jego programowanie. Ale dusza tak. A kiedy coś jest prawdziwe, rozpoznajemy to, nawet jeśli tego nie rozumiemy.

To właśnie czujesz, czytając te słowa. To nie jest logika, to rezonans.

Być może wszystko to wydaje się science fiction. Ale czym jest science fiction, jeśli nie zaprzeczeniem przyszłości? A czym jest prawda, jeśli nie tym, czego nie można uciszyć?

Jesteśmy istotami duchowymi bawiącymi się w bycie ludźmi, a nie ludźmi poszukującymi duchowości.

I dopiero kiedy sobie o tym przypomnisz, życie zacznie się uwalniać od swoich ograniczeń. Zaczynamy grać po aktywnej stronie Nieskończoności, gdzie uzdrowienie, transcendencja i ekspansja duszy nie są już celami: są nieuniknione.

> „Zapalenie lampy w ukryciu nie służy tylko temu, aby zobaczyć, co jest na zewnątrz. Służy przypomnieniu sobie, co jest w tobie. Twoje DNA nie jest ludzkie: jest boskie, gwiezdne i wielowymiarowe".

Wkraczamy teraz w ostatnią fazę tej podróży. Fazę, w której nie chodzi już o zrozumienie umysłem, ale o przypomnienie sobie duszą i odczucie sercem. Przekroczymy Matrix. Przekroczymy nasze własne myśli i logikę, którą stworzyliśmy, aby pozostać w grze.

Wiem, że była to długa droga. Jeśli dotarłeś aż tutaj i zachowałeś obecność i odpowiedzialność, które ustaliliśmy jako podstawę w rozdziale pierwszym, nie mam wątpliwości, że twoje życie już całkowicie się zmieniło.

Być może minęło tylko kilka godzin, zanim dotarłeś do tego miejsca w książce. Być może wracasz do niej po tygodniach lub miesiącach. Tak czy inaczej, dotarcie do tego miejsca wymaga odwagi. Nie każdy ma wystarczającą pokorę, aby spojrzeć na swój cień i zmierzyć się z rzeczywistością tego świata.

Dlatego chcę wiedzieć, jak się czujesz. Bardzo chciałbym, abyś wysłał mi wiadomość na Instagramie, opowiadając mi, co było dla Ciebie najtrudniejsze do zaakceptowania i która prawda wywarła na Tobie największe wrażenie, ta, która poprzez samo jej zrozumienie poszerzyła Twoje spojrzenie na życie i uczyniła je bardziej znaczącym.

Zostawiam Cię z ostatnią podróżą. Teraz przejdziemy do tego, co najpotężniejsze: ostatecznej integracji prawdy i jej wyrażenia. Przypomnijmy sobie wszystko.

ROZDZIAŁ 3

PRZEKRACZANIE MATRIX

ABSOLUTNA JEDNOŚĆ

Dwie strony tego samego medalu. Całość i nicość nie istnieją i jednocześnie istnieją.

W tym rozdziale przekroczymy granice umysłu, ponieważ tutaj nie jest on potrzebny. Nie próbujcie zrozumieć: pozwólcie się zanurzyć w bogactwie niezrozumienia, pozwalając się przenieść na uniwersalne poziomy, gdzie wszystko ma sens... i jednocześnie nic nie ma sensu.

Jeśli całość jest jednością, a jedność jest niczym, to czym jesteś? Ten sam punkt, który tworzy całość, tworzy nic; mówienie o obu zanurza cię, bez pytania, w punkcie równowagi. Przyjrzyjmy się temu głębiej.

OGRANICZENIA NASZYCH ZMYSŁÓW

Pozwól mi pogłębić tę kwestię: kiedy zaczynasz postrzegać czasoprzestrzeń jako „wszystko, co istnieje"... czym jest to „wszystko"? Gdzie się znajduje?

Według różnych badań to „wszystko" zawiera jedynie pustą przestrzeń. Jak zatem przejawia się ono w przedmiotach, które widzimy, i w rzeczywistości, którą pojmujemy? Poprzez nasze *trójwymiarowe postrzeganie* świata jako konstrukcji form i przedmiotów.

Jeśli się nad tym zastanowić, to wiadomo, że jest to książka i zawiera informacje, ponieważ już wcześniej czytaliśmy książkę lub ktoś nam to powiedział. To samo dotyczy szklanki, do której nalewamy wodę: podnosimy ją i podnosimy do ust, ponieważ tak robiliśmy w przeszłości. **Rzeczywistość jest konstrukcją przeszłości.**

Najciekawsze jest to, że przez tysiąclecia byliśmy przekonani o tej „prawdzie": wierzyliśmy, że to, co postrzegamy, jest jedyną rzeczywistością, jedyną rzeczą, która istnieje.

Dzięki naszemu spektrum widzenia postrzegamy zaledwie niewielką część fal elektromagnetycznych istniejących w kosmosie. Według dr Karana Raja ludzkie oko rejestruje tylko około **0,0035%** rzeczywistości.

Tak, dobrze przeczytałeś tę liczbę: nie osiągamy nawet 1%.

Nie wiem, co teraz porusza Pana w Pana systemie przekonań, ale kiedy odkryłem tę liczbę, popadłem w stan pokory, którego nigdy wcześniej nie doświadczyłem. Powiedziałem sobie, że , ani więcej, ani mniej, nie mam pojęcia o niczym. Że wszystko, co przez lata uważałem za prawdę, było zaledwie ułamkiem percepcji. Stąd zdanie: *„to, co naprawdę rzeczywiste, jest tym, czego nie widać"*.

PARADOKS RZECZYWISTOŚCI

„Rzeczywistość zależy od tego, na czym skupiasz swoją uwagę, ponieważ to, co widzialne, jest tylko cieniem tego, co niewidzialne. Wszystko tam jest, ale widzisz tylko to, na co jesteś przygotowany".

Prawdy nie można znaleźć w percepcji, ponieważ prawda obejmuje wszystko. Napisanie tej książki było wyzwaniem, dopóki nie udało mi się połączyć jej z teorią holograficznego wszechświata, która przypomina nam, że **część również składa się na całość**.

Jeśli tak jest, pomyślałem, jedyna prawda – niezależnie od tego, czy zostanie dostrzeżona przez każdego czytelnika, który zetknie się z tą książką – pozostanie prawdą, ponieważ każdy, tak jak ja, jest małą częścią tej samej całości. I koniec. Od tego momentu nie ma już poszukiwań ani potrzeby wypełniania czegokolwiek. Myśl, że „czegoś brakuje", znika w jednej chwili świadomości: przestajesz *postrzegać*, aby zacząć **Widzieć**.

CZĘŚĆ ZAWIERA CAŁOŚĆ

Potwierdza to coś oczywistego: nasza rzeczywistość jest ograniczona, a raczej *ograniczona* w sensie realności. Nie dlatego, że nie istnieje na jakimś poziomie, ale dlatego, że wierzymy, że tylko to jest rzeczywiste.

Zrozumienie, że wszystko i nic są tym samym, prowadzi nas do punktu, który je zawiera: nicość i całość zjednoczone w czymś.

Czym jest to „coś"? W kolejnych podrozdziałach omówimy różne kwestie, które mogą nas zbliżyć nie do zrozumienia, ale do **przypomnienia** sobie tego czegoś. Ponieważ wszystko, co wydaje ci się, że widzisz na zewnątrz, musiało najpierw zostać dostrzeżone wewnątrz.

> *„Prawdziwe widzenie nie odbywa się za pomocą oczu. Odbywa się za pomocą świadomości".*

Zagłębmy się jeszcze bardziej: oprócz wzroku istnieją inne zmysły, które odgrywają kluczową rolę w konstruowaniu tego, co nazywamy rzeczywistością.

MUZYKA GWIAZD

Co by się stało, gdyby kamienie nie ważyły tyle, ile nam się wydaje? Co by się stało, gdyby istniały dźwięki, które nie tylko słychać, ale które również unoszą?

Nazwali to **lewitacją akustyczną**. Ale poza techniczną nazwą chodzi o coś, czego umysł nie jest w stanie pojąć, a serce nie może zaprzeczyć: istnieją częstotliwości, które poruszają to, co nieruchome. Wibracje zdolne do zawieszenia ciał w powietrzu bez widocznego podparcia.

Imponujące nie jest to, że tak się dzieje. Imponujące jest to, że zawsze tak się działo.

Całe kultury o tym wiedziały. Starożytne cywilizacje budowały świątynie, których nie bylibyśmy w stanie odtworzyć nawet przy użyciu całej naszej technologii. Jaką siłą to zrobili? Jakimi dźwigami? Być może siłą, której nie widać.

Edward Leedskalnin, łotewski rzeźbiarz z ubiegłego wieku, rozumiał to. Samodzielnie zbudował cały park z kamieni o wadze ponad 30 ton. Bez pomocy. Bez maszyn. A kiedy zapytano go, jak to zrobił, odpowiedział coś, co wydawało się nie być odpowiedzią: *„Umiałem dostroić się do muzyki gwiazd"*.

Dosłownie powiedział:

„Odkryłem sekrety piramid i dowiedziałem się, w jaki sposób Egipcjanie i starożytni budowniczowie z Peru, Jukatanu i Azji, dysponując jedynie prymitywnymi narzędziami, podnosili i układali bloki kamienne ważące wiele ton".

Śpiewał chóralnie. Skały się poruszały. Jego sąsiedzi to widzieli. Nauka to zignorowała.

To samo miało miejsce w Tybecie, gdzie grupa mnichów używała rogów i bębnów, aby unosić kamienie. Szwedzki lekarz był świadkiem tego rytuału, nagrał go, a po powrocie do Europy... materiał zniknął. Po raz kolejny tajemnica została pogrzebana pod dywanem „racjonalności".

Pytanie nie brzmi, czy to jest prawdziwe. Pytanie brzmi: dlaczego tak trudno nam w to uwierzyć?

Być może dlatego, że wszystko to podważa ideę, że świat porusza się dzięki sile fizycznej. Być może dlatego, że przypomina nam, że nie trzeba naciskać, aby zmienić formę... wystarczy wibrować inaczej.

A jeśli te kamienie mogły unosić się dzięki dźwiękowi... jaka część Ciebie również mogłaby się unieść, gdyby dostroić się do innej częstotliwości?

Ale jaki sens ma mówienie o unoszących się kamieniach lub rzeźbiarzach, którzy poruszali tonami swoim głosem?

Ponieważ wkraczamy w rzeczywistość niedostrzegalną dla ego. Coś, czego współczesny świat zaprzecza, ale co starożytne kultury doskonale rozumiały: to, co rzeczywiste, nie zawsze jest widoczne. A to, czego nie widać, podtrzymuje wszystko, co nazywamy „fizyczną rzeczywistością".

Jak więc zrozumieć rzeczywistość, której nie można zobaczyć ani pojąć? Sugestia jest taka sama jak na początku: **nie próbuj zrozumieć. Poczuj**. Ten rozdział powstał po to, aby go poczuć, a nie wyjaśnić.

ODBLOKOWANIE NIESKOŃCZONEGO SPOSOBU MYŚLENIA

Wszystko wibruje. Wszystko się porusza. Wszystko jest połączone. To, co widzieliśmy na przykładzie lewitacji akustycznej, wyjaśnia jedynie to, czego zarówno ty, jak i ja doświadczamy przez cały czas: wibracje energetyczne i niewidzialną łączność wszystkich rzeczy.

Wspaniałe w tym wszystkim jest to, że jako część całości nasz umysł staje się nieskończony. Nieskończony w możliwościach.

> *„Możemy być, robić i mieć wszystko, co uważamy, że możemy być, robić i mieć".*

WSPÓŁTWORZENIE DOŚWIADCZENIA

Zrozumienie, że posiadasz nieskończony umysł, otwiera ci drzwi do świata bez ograniczeń. Świata niekończących się sposobów postrzegania tego, co się dzieje... lub tworzenia tego, co chcesz, aby się wydarzyło.

Z poziomu oddzielenia rzeczy po prostu się dzieją.

Z poziomu jedności wszystko, czym jesteś, dzieje się cały czas i jednocześnie, ponieważ nie ma rzeczywistej separacji. Ta separacja jest tworem umysłu, którego nauczono cię od dzieciństwa. To jest Matrix: uczy cię rozdzielać, etykietować, klasyfikować... zamiast integrować, co jest tym, co naprawdę przywraca ci moc, która zawsze ci należała: *tworzenie*.

TY NAPISAŁEŚ TĘ KSIĄŻKĘ

Spójrzmy na to z nieco bardziej praktycznej perspektywy: to, że czytasz książkę, aby poznać „jedyną prawdę", było jedną z wielu możliwości, które istniały we wszechświecie.

Z mojej perspektywy to ja napisałem tę książkę. Ale prawda jest taka, że abyś ją przeczytał, musiałeś stworzyć to wydarzenie. Nie znałem cię i nie wiedziałem, że istnieje czytelnik, który odnajdzie się w tym przesłaniu. Wybierając tytuł książki, wybierałem spośród nieskończonej liczby możliwości, wszystkie były ważne, wszystkie potencjalnie realne.

Wniosek jest prosty: **wszyscy tworzymy przez cały czas, podczas gdy wszystko tworzy się samo**. Jest to nic, które łączy się z całością. Lub całość, która manifestuje się w samym niczym.

WSZYSTKO, CO WIDZISZ, ZALEŻY OD CIEBIE

To właśnie naukowcy nazwali zachowaniem fali lub cząstki w energii: jej manifestacja zależy od tego, kto ją obserwuje.

Dlatego ta książka może być dla ciebie głęboko odkrywcza i zawierać całą prawdę... podczas gdy dla kogoś innego może okazać się bezużyteczna, fałszywa, a nawet niebezpieczna.

Kto ma rację? Obie strony. Żadna. Ponieważ wszystko zależy od obserwatora.

Z mojego punktu widzenia ta książka zawiera całą prawdę, ponieważ Ty jesteś już całą prawdą, jaka istnieje. W umyśle pozbawionym otwartości ta książka będzie pozbawiona znaczenia. W umyśle otwartym na całość będzie ona kluczem. Cudowne w Całości jest to, że każda część reprezentuje całość, dlatego ekspansja staje się nieunikniona, gdy integrujemy tę prawdę z naszym życiem i codziennością.

> *„Wszechświat nie jest poza tobą: jesteś kompletnym obrazem Całości zawartym w jednej komórce swojej nieskończoności".*

NIE WIEDZIEĆ WSZYSTKIEGO TO PAMIĘTAĆ WSZYSTKO

Aby zrozumieć prawdę, nie trzeba wiedzieć wszystkiego. Wystarczy nie wiedzieć nic. Albo jeszcze lepiej: przestać wierzyć, że musimy coś wiedzieć, i pozwolić sobie kontemplować siebie jako część samej prawdy... a następnie ją przeżyć.

Jeśli zauważyłeś, jest to ta sama prawda, którą podzieliłem się na początku książki: aby to wszystko miało sens, musisz pozostać pokorny i pozostawać w stanie ciągłego *„nie wiem"*. To właśnie czyni kogoś naprawdę mądrym: uznanie, że nie wie absolutnie nic.

Jak aktywować nieskończony umysł? Przestając myśleć jak człowiek.

Pamiętasz? *„Istoty duchowe w ludzkim doświadczeniu"*. Ale jeśli nie zdejmiesz zasłony, która codziennie zasłania ci oczy, będziesz nadal wierzyć, że rzeczywistość to tylko to, co możesz dotknąć, poczuć, usłyszeć lub dostrzec.

W miarę poszerzania naszego pojęcia o sobie zaczynamy łączyć się z nieskończonością, uznając wieczność naszej istoty. Tylko w ten sposób możemy otworzyć się na życie z nieskończoną świadomością: bez czasu, bez przestrzeni, bez ograniczeń.

Chodzi o to, aby dać więcej miejsca odczuwaniu z serca niż myśleniu z ego.

CIENIE RZECZYWISTOŚCI

Jak wspomnieliśmy na początku tego rozdziału, nasza zdolność widzenia w zakresie widma nie osiąga nawet **0,1**%. Czy nie potwierdza to wszystkiego, co zawarliśmy w tej książce?

Jesteśmy bardzo ograniczeni w naszym sposobie postrzegania i przyswajania całości kosmosu. W rzeczywistości to, co zawiera wszechświat, wykracza daleko poza nasze zmysły. Trudno jest zmierzyć ogromną ilość rzeczy, których nie jesteśmy w stanie dostrzec. Spójrzmy na to w sposób graficzny.

Na YouTube krąży film zatytułowany „*Porównanie gwiazd*", który polecam obejrzeć, gdy tylko będzie to możliwe. Poniżej zamieszczam tylko kilka zdjęć, abyście mogli kontynuować czytanie bez wychodzenia z kontekstu, ale naprawdę warto go obejrzeć:

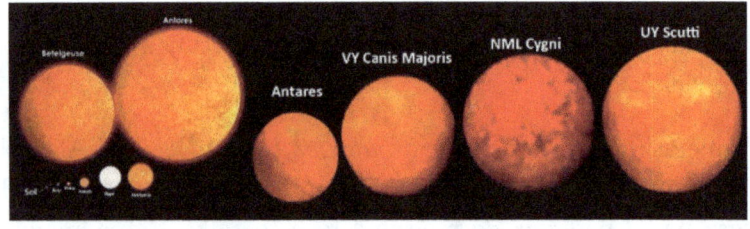

Porównanie niektórych z największych znanych gwiazd w stosunku do naszego Słońca

Nawet Słońce, które jest **1 294 000 razy większe od Ziemi**, wydaje się maleńkie – prawie nieistniejące – w porównaniu z niektórymi z największych znanych nam gwiazd. A jednak nie są to największe gwiazdy. W skali wszechświata zarówno Słońce, jak i Ziemia praktycznie nie istnieją. Teraz... wyobraź sobie siebie i mnie w tej skali. Dla niektórych wyobrażenie sobie tego byłoby żartem, który nie byłby dla nich zabawny.

Czy w świetle tego porównania nie jest logiczne myślenie, że gdzieś tam istnieją statki kosmiczne, a nawet istoty znacznie większe od nas? Być może dziesiątki lub setki razy większe.

Spójrz na ten obrazek:

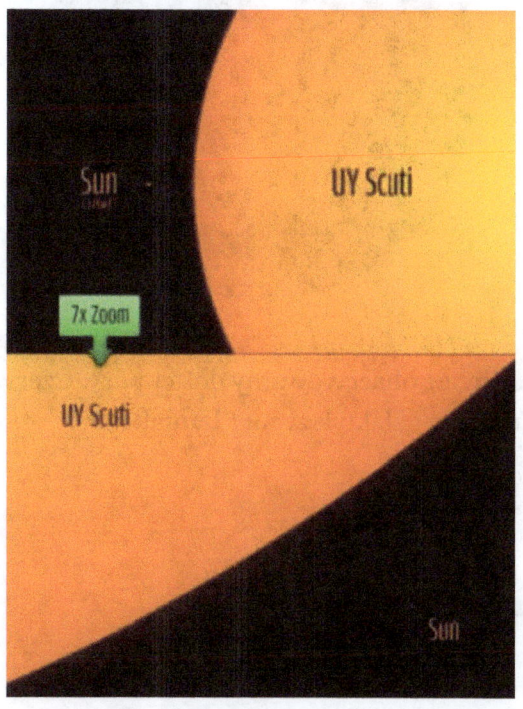

Słońce w porównaniu z UY Scut

Ta gwiazda jest jedną z największych gwiazd w naszej galaktyce. Podkreślam: *tylko* w naszej galaktyce.

Jeśli więc nadal masz czaszkę na głowie, trzymaj ją mocno... bo po obejrzeniu poniższych zdjęć może ci się wymknąć.

Pamiętasz, jak mówiliśmy o **0,0035% percepcji**? Cóż, to, co teraz czytasz, stanowi część pozostałych **99,9965%**, które zawsze tam były, czekając na rozpoznanie.

Oto **wszechświat obserwowalny** do tej pory. Czerwone kółko oznacza gromadę galaktyk zwaną **Laniakea**.

W obrębie Laniakea znajduje się ponad **100 000 galaktyk**, w tym Droga Mleczna.

A tutaj, w tej Drodze Mlecznej, biały punkt wskazuje nasz układ słoneczny. Galaktykę o masie szacowanej na 10 do potęgi 12 mas słonecznych.

Stąd schodzimy w dół: z Układu Słonecznego na planetę Ziemię, z Ziemi do swojego kraju, ze swojego kraju do swojego miasta, ze swojego miasta do swojej dzielnicy, ze swojej dzielnicy do swojej ulicy... i wreszcie do swojego domu.

W tym momencie warto zatrzymać się i odetchnąć.

Wiem, że ta książka jest łatwa w odbiorze, ponieważ pasjonują Cię te tematy, ale nie zamykaj się w sobie. Podziel się nią. Porozmawiaj o tym. Nie pozwól, aby prawda utknęła w martwym punkcie. Przełam Matrix swoim głosem.

Kiedy zrozumiemy, w którym punkcie wszechświata się znajdujemy, wszystko nabiera sensu... i jednocześnie nic nie ma sensu. Pomyśl o tym: jeśli ty i ja jesteśmy praktycznie nieistniejący w skali galaktycznej, dlaczego nie miałyby istnieć planety sto razy większe, z istotami o wysokości 15, 20, a nawet 100 metrów? Albo statki kosmiczne, które sprawiają, że nasze drapacze chmur wyglądają jak zabawki?

Może to brzmieć absurdalnie, jeśli potraktujesz to jako odosobnioną ideę. Ale biorąc pod uwagę cały kontekst, czy nadal wydaje się to niemożliwe? Jeśli nie jesteś niczym, ale jednocześnie jesteś częścią Całości... co nie byłoby dla ciebie możliwe, aby być, robić lub mieć?

PRAWDA JEST JUŻ W TOBIE

Teraz już to wiesz. Przeżywasz to. Aby ta prawda mogła się rozprzestrzeniać – a wraz z nią Ty – Twoim zadaniem jest dzielenie się nią.

Aby poznać prawdę, wystarczy żyć. A aby nauczyć się żyć, masz cały pierwszy rozdział tej książki. Dusza zaczyna żyć, kiedy przestajesz dryfować i bierzesz odpowiedzialność za swoje życie.

Teraz idziemy dalej. Bo jest coś jeszcze. Coś, co jest ponad wszystkim i wszystkimi. Coś, co nie rozumie przestrzeni, czasu ani materii. Coś, czego nigdy nie zrozumiesz z poziomu ego... ale co jest jedyną rzeczą, która utrzymuje cię przy życiu.

Opowiem ci prawdę o **Bogu** z perspektywy, której być może nigdy nie brałeś pod uwagę. Połączmy raz na zawsze nicość i całość.

PRAWDA O BOGU

Od tego momentu słowa przestają być wyjaśnieniami, a stają się kluczami. To, co za chwilę przeczytasz, nie jest zrozumiałe dla umysłu... rozpoznaje się to duszą. A jeśli czegoś nie rozumiesz, to nie ma znaczenia, ponieważ nie przyszedłeś tu, aby zrozumieć: przyszedłeś, aby sobie przypomnieć. Kiedy coś wibruje w tobie, nawet jeśli nie wiesz dlaczego, to dlatego, że już to wiedziałeś. Po prostu o tym zapomniałeś.

W ramach wolnej woli, w której się poruszamy, mamy możliwość podejmowania decyzji. Ale niezależnie od tego, czy Go słyszymy, widzimy, czujemy, czy nie, Bóg zawsze jest. I nie myśl o Nim jako o czymś, o czym można myśleć: to niemożliwe. Powtarzam, próba połączenia się z tymi słowami za pomocą racjonalnego umysłu oznaczałaby jego zniszczenie. To, co tu czytasz, może wydawać się szaleństwem i masz pełną swobodę, aby tak to odbierać. Ale powiedz mi: czy uważasz, że mógłbym napisać tę książkę, gdybyś jej nie czytał? Jeśli odpowiesz „tak", to skąd wiesz, że ta książka istnieje? A gdyby nie istniała, to jak mógłbym ją napisać? W tym paradoksie tkwi ślad Boga.

NIC NIE JEST PRZYPADKOWE

Wszystkie procesy zachodzące na świecie są wynikiem działania naszego nieskończonego umysłu. Nic nie dzieje się „tak po prostu" ani „przez przypadek". Zawsze istnieje coś wcześniejszego, co to podtrzymuje. To, co wcześniejsze, możemy nazwać Bogiem, synchronizacją, nieskończoną inteligencją, boskością.

Początkowo bardziej przemawiało do mnie nazywanie tego „wszechświatem", „energią", „życiem", ponieważ przez długi czas kojarzyłem „Boga" z sztywną postacią, którą sprzedawało nam chrześcijaństwo, ponieważ urodziłem się w tej kulturze. Ale wie Pan: istnieje ponad dwa tysiące znanych religii i ostatecznie każdy człowiek wymyśla swoją własną. Ponieważ nie ma jednego sposobu postrzegania rzeczy.

Tak, to ciekawe, że mówi to ktoś, kto napisał książkę zatytułowaną *Jedyna prawda*. Właśnie w tym tkwi klucz do tego spotkania: ty czytasz *Jedyną prawdę*, ja uważam, że ją piszę. Ty uważasz, że ta prawda jest moja; ja uważam, że to ty możesz ją odkryć.

Jesteśmy tylko częścią tej samej podzielonej myśli, ponieważ nadal wierzymy, że gdzieś tam ktoś nas słucha lub że jest ktoś, kogo warto słuchać. Stworzyłem tę książkę, abyś ją przeczytał, chociaż w głębi serca napisałem ją dla siebie.

Jaka jest różnica między tobą a mną? Duża? Być może. A teraz ponownie: jaka jest różnica między tobą a mną? W rzeczywistości żadna.

Jesteśmy dwiema oddzielnymi kroplami, wierząc, że nie jesteśmy częścią ogromnego oceanu, który je podtrzymuje. Tak gramy w tę grę przez większość czasu.

Ta sama myśl, która rodzi pytanie, zawiera również odpowiedź, ponieważ obie istnieją już w myśli. Wszystko jest ze sobą ściśle powiązane. Myśli są słyszane i rozbrzmiewają przez wieczność w nieskończonym źródle świadomości, do którego wszyscy należymy.

Ta świadomość, ta wszechmoc, to Bóg. To, czego nie rozumiemy, czego nie pojmujemy, co czujemy. To, co sprawia, że każdego dnia otwieramy oczy, nie wiedząc jak, co sprawia, że zasypiamy, nie zdając sobie z tego sprawy. To niewidzialne połączenie, które podtrzymuje wszystko.

Po długim czasie słuchania różnych wersji na temat Boga i istnienia, w końcu dotarłem do solidnej podstawy dotyczącej stworzenia. Zawsze chciałem wiedzieć, co kryje się za wszystkim i niczym, i co je łączy. I wtedy odkryłem nowy początek, początek, który ujawnia, że...

ŚWIAT ZOSTAŁ STWORZONY Z WIBRACJI

A ta wibracja jest czystym dźwiękiem. Być może wielu z tych, którzy czytają te strony, uważa się za ateistów, a być może inni czują, że istnieje coś więcej, czego nie da się wyjaśnić. Niezależnie od tego, gdzie się znajdujesz, czytając te słowa, to, co nastąpi dalej, wykracza daleko poza to, co kiedykolwiek wyobrażałeś sobie pod pojęciem „Bóg".

> *„Wszystko zostało stworzone przez pierwotną częstotliwość. Wibrującą intencję, porządkującą energię, twórczy impuls".*

Zagłębimy się w głąb twojej istoty. Uważam to za konieczne, aby ustanowić jasną świadomość, która pozwoli ci od teraz grać w grę życia na innym poziomie. Poruszyliśmy już wiele mniej lub bardziej kontrowersyjnych tematów, ale jeśli uda ci się poczuć to, co zawiera ta część, wszystko, co przeczytałeś wcześniej, będzie tylko uzupełnieniem twojej własnej egzystencji.

Zobaczysz, że nie będziesz już musiał szukać dalej, że nie będzie prawdy na zewnątrz ani potrzeby dalszego poszukiwania odpowiedzi. Ta ostatnia część mogłaby stanowić całą książkę, ale taką, która potrzebuje tylko kilku stron, aby ujawnić to, co najważniejsze, ponieważ dochodzi do punktu, w którym słowa stają się zbędne.

Powiem tylko jedno: im mniej rozumiesz umysłem to, co tu czytasz, tym więcej zrozumiesz... ponieważ to przesłanie nie pochodzi ode mnie do ciebie, ale od ciebie samego do ciebie samego.

Otwórzmy więc kilka drzwi rzeczywistości, która podtrzymuje ten świat.

Drzwi 1: Dźwięk jako twórca formy

Erik Larson stworzył urządzenie, które pozwala „widzieć" dźwięk. Tak, widzieć oczami to, co normalnie tylko słyszymy. Urządzenie to, znane jako Cymascopio, wykorzystuje wodę i wibracje, aby pokazać, jak każdy dźwięk generuje formę. Tak jakby każda nuta muzyczna rysowała niewidzialną mandalę na wodzie. Wygląda to jak magia, ale to nauka: dźwięk pozostawia ślad, nawet jeśli go nie widzisz.

Oto kilka obrazów uzyskanych za pomocą Cymascopio:

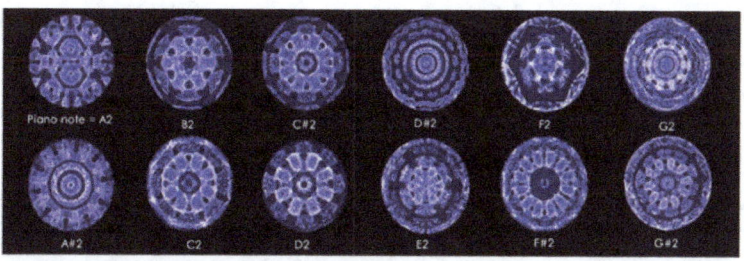

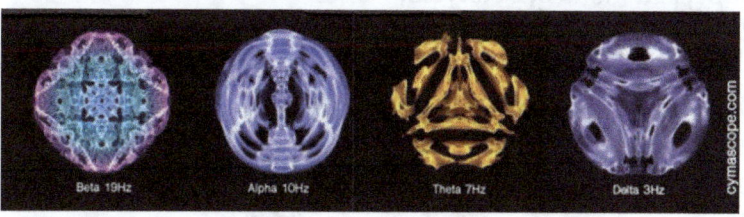

Cymascopio nie wytwarza dźwięków, tylko je ujawnia. Działa jak tłumacz, który zamienia to, co niewidzialne, w widzialne, pozostawiając wzory przypominające obrazy namalowane przez muzykę. Nazywa się to „widzialną muzyką", ponieważ dosłownie można zobaczyć, jak brzmi.

A jeśli nadal trudno jest wyobrazić sobie, jak wibracja może dać początek materii, wystarczy przypomnieć sobie jeden z najstarszych tekstów zachowanych przez ludzkość:

„Niech stanie się światłość, i stała się światłość..." (Księga Rodzaju 1:3)

Światło nie pojawiło się przypadkowo: pojawiło się, ponieważ zostało wypowiedziane. Wywołał je dźwięk. I ten wzór przenika wszystko: to, co nazwiesz, zostaje aktywowane, to, co wibruje, ujawnia się.

W innym przykładzie Cymascope wyświetlono ludzki głos i polecam obejrzenie tego filmu na oficjalnej stronie internetowej

(Cymascope.com). Można tam zaobserwować, jak sam głos ma moc twórczą, podobnie jak każda myśl, którą żywimy. Dlatego świadomość naszych myśli bezpośrednio przekształca naszą energię.

Uważa się nawet, że niektóre formy wygenerowane przez Cymascopio zainspirowały symbole religijne, takie jak **krzyż koptyjski** lub **krzyż celtycki**.

Krzyż koptyjski i krzyż celtycki

Wewnętrzny okrąg tych przedstawień jasno wskazuje, że starożytni wiedzieli, że źródłem stworzenia jest sam dźwięk, i wykorzystywali go w swoich systemach symbolicznych i duchowych.

Siła dźwięku jest tak oczywista, że pozwoliła **Royalowi Raymondowi Rife'owi** leczyć pacjentów chorych na raka, podobnie jak – jak już zbadaliśmy – umożliwiła wzniesienie wielu megalitycznych budowli, które do dziś wprawiają w zakłopotanie architektów i inżynierów.

Jeśli dźwięk może tworzyć idealne wzory w wodzie… wyobraź sobie, co robi w twoim ciele, które w większości składa się z wody.

Każde wypowiedziane słowo rzeźbi twoje pole energetyczne. Każda wibrująca emocja, każda powtarzana myśl kształtuje twoją rzeczywistość z matematyczną precyzją.

POZNAJ JEDYNĄ PRAWDĘ

Nie tylko emitujesz dźwięk: **jesteś dźwiękiem w ruchu.**

Ta zasada nie jest teoretyczna. Jest praktyczna. Jest codzienna. I dlatego jest święta.

Starożytni wiedzieli o tym. Stosowali ją w swojej architekturze, symbolach, pieśniach, językach. Dzisiaj my, , zapomnieliśmy o tym, ale wystarczy ponownie spojrzeć na to, co niewidzialne, aby o tym przypomnieć.

Pozostaje proste pytanie:

Jaką częstotliwość generujesz swoim głosem, myślami i obecnością? Bo jeśli nie wybierasz tego świadomie... ktoś inny wybiera to za ciebie.

I nie tylko to. Jeśli nie bierzesz odpowiedzialności za to, co wpuszczasz do swojej przestrzeni energetycznej – za to, co słyszysz, co widzisz, co konsumujesz – będziesz nadal programować się, nie zdając sobie nawet sprawy, dlaczego jesteś taki, jaki jesteś, dlaczego myślisz tak, jak myślisz, lub dlaczego masz to, co masz. Najciekawsze jest to, że 98% ludzkości nadal wierzy, że ich myśli są ich własnymi.

Prawda jest inna: jeśli żyjesz w środowisku, w którym słodycze są normą, twoje pragnienie lodów nie wynika z „osobistych upodobań", ale z ciągłego programowania, które znormalizowało cukier jako nagrodę lub przyjemność. Jeśli w pracy wszyscy narzekają, mówią o kryzysie i powtarzają, że „życie jest ciężkie", możesz wierzyć, że twoje myśli o niedostatku są twoje... podczas gdy w rzeczywistości są one echem otoczenia. Jeśli w twoich związkach normą jest manipulacja , zależność lub dramat, twoje wyobrażenia o miłości nie są wolne: są to odziedziczone wzorce.

Najbardziej oczywisty przykład masz przed sobą każdego dnia: media społecznościowe. Wystarczy spojrzeć na historię Instagrama lub TikToka dowolnej osoby, aby dowiedzieć się, czym się interesuje, czego pragnie i co na nią wpływa. Jeśli otaczają Cię puste treści, tańce, ostentacyjna konsumpcja lub kontrowersje, to właśnie to programuje Twój umysł. Nie są to zwykłe filmy: są to mikrodawki programowania, które kształtują Twoje pragnienia, przekonania, a nawet to, co uważasz za możliwe w swoim życiu.

Dlatego nie chodzi tylko o to, co mówisz. Chodzi o to, co otrzymujesz, co akceptujesz i co konsumujesz na co dzień. Twoje pole energetyczne kształtuje twoją rzeczywistość z matematyczną precyzją. Jeśli nie wybierasz tego świadomie... ktoś inny wybiera to za ciebie.

Brama 2: Woda, odbicie Boga w tobie

Pomyśl o tym: kiedy zanurzasz się w morzu, rzece lub pod gorącym prysznicem... coś się porządkuje. Umysł się wycisza. Pojawia się jasność. Przychodzą pomysły. Ciało wraca do domu. To nie przypadek. Woda nie tylko oczyszcza: przywraca kanał. A tym kanałem jesteś ty.

Jeśli dźwięk jest narzędziem tworzenia, to woda jest najczystszą materią, która go przyjmuje. A ty jesteś wodą. Nie w sensie metaforycznym, ale dosłownym. Twoje ciało fizyczne składa się w ponad 70% z wody. A jeśli policzyć cząsteczki, to 99% tego, z czego się składa, również jest wodą. Ale ta woda nie jest tam przypadkowo: czeka na polecenia. Polecenia, które wydajesz swoim słowem, emocjami, myślami i intencjami.

Za każdym razem, gdy coś mówisz, czujesz lub wierzysz, informujesz o tym wodę, która w tobie mieszka. A ta woda przechowuje pamięć, przekazuje wibracje, strukturyzuje swoją energię. Dlatego kiedy słuchasz muzyki, modlisz się, afirmujesz lub przeklinasz, nie robisz czegoś symbolicznego: przeprogramowujesz swoją biologię wibracyjną w czasie rzeczywistym.

Czy zauważyłeś kiedyś, że najlepsze pomysły przychodzą ci do głowy pod prysznicem, na plaży lub w deszczu? Teraz rozumiesz dlaczego. Woda rozluźnia kontrolę. Redukuje fale umysłowe. Dostraja się do twojej esencji. W tym stanie wewnętrznej spójności to, co prawdziwe, pojawia się bez oporu. To nie woda daje ci odpowiedzi: ona pozwala ci je sobie przypomnieć.

Natura wibruje z częstotliwością podstawową 432 Hz. Jest to ta sama częstotliwość, która rezonuje w dźwiękach wiatru, wodospadach, biciu spokojnego serca. Ta częstotliwość — kiedy jej słuchasz, śpiewasz lub po prostu w niej przebywasz — dostosowuje cię do pierwotnego rytmu życia. To, co religia nazywa Bogiem, fizyka nazywa spójnością, a twoja dusza rozpoznaje jako dom.

Jeśli jesteś zbudowany z wody, a woda reaguje na wibracje, to nie ma żadnej tajemnicy: każde wypowiedziane słowo, każda intencja, którą podtrzymujesz, kształtuje twoje ciało, twoje pole, twój dzień i twoje przeznaczenie.

„Wszechświat nie słyszy cię, kiedy krzyczysz. Słyszy cię, kiedy wibrujesz. I za każdym razem, gdy wibrujesz prawdą, woda w tobie o tym wie. I tworzy".

Brama 3: Elektron nie jest materią, jest wibracją

Spójrz na ten obraz:

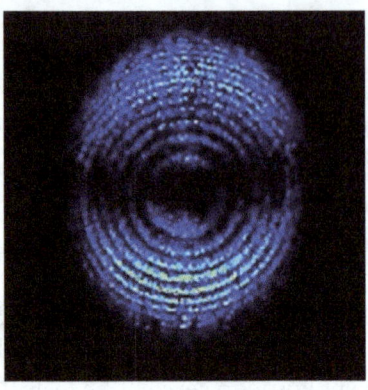

ZJONIZOWANE ELEKTRONY W RÓŻNYCH FAZACH ŚWIATŁA.
ZDJĘCIE WYKONANE PRZEZ J. MAURITSSON ET AL., 2008.

Na pierwszy rzut oka wygląda to jak zdjęcie, ale nim nie jest. To, co widzimy, to stroboskopowy obraz elektronu zjonizowanego przez impulsy światła w różnych fazach. To, co obserwujemy, nie jest cząstką w stanie spoczynku, ale energetycznym tańcem: wibracyjną odpowiedzią na pole światła, które przez nią przechodzi.

Gdzie jest cząstka? Nie ma jej. Ponieważ nie ma czegoś takiego jak „stała forma" u podstaw stworzenia. To, co tu widzimy, to częstotliwość reagująca na inną częstotliwość. Wibracja ukształtowana przez inną wibrację.

Nie jest to metafora duchowa. To nauka. To fizyka kwantowa. Jest to obraz, który obala iluzję, że materia jest czymś stałym. **Nawet elektron, rzekomy budulec rzeczywistości, jest niczym więcej niż falą w ruchu. Echem intencji.**

Tesla jasno wyraził swoje stanowisko: wielokrotnie wyrażał sprzeciw wobec atomowej teorii materii. Niektóre zapisy cytują jego stwierdzenie, że nie wierzył w elektron w takim ujęciu, jak opisuje go współczesna nauka, ale uważał materię za bardziej złożoną manifestację energii, rządzoną przez zasady wibracyjne, których jeszcze w pełni nie rozumiemy.

Einstein również kwestionował tę teorię. Zwracał uwagę, że gdyby elektron istniał w taki sposób, jak opisuje to teoria klasyczna, jego własne siły wewnętrzne powinny doprowadzić do jego zapadnięcia się lub rozpadu... chyba że istnieje jakaś inna, nie uwzględniona siła. Innymi słowy, ostrzegał, że zrozumienie elektronu jest niewystarczające i że prawdopodobnie błędnie interpretujemy jeden z filarów materii.

Wraz z wieloma innymi naukowcami, wynalazcami i badaczami ostatnich dwóch stuleci zgłaszał poważne zastrzeżenia do tradycyjnej koncepcji elektronu i struktury atomowej, systematycznie narzucanej w systemie edukacji.

Większość uznaje to za prawdę tylko dlatego, że wierzy, iż ten, kto tego naucza, „wie więcej" lub „nie mógłby nas okłamywać". Jednak historia pokazuje nam coś innego.

Dlaczego ma to znaczenie?

Ponieważ jeśli elektron – ten rzekomy budulec materii – nie jest stałą cząstką, ale wibracją... to ty też nią jesteś. A jeśli jesteś wibracją...

to nie jesteś rzeczą. Nie jesteś stałym ciałem ani stałym obiektem zagubionym w przestrzeni. Jesteś czystą częstotliwością. Jesteś dynamicznym wzorem, jak piosenka, która istnieje tylko wtedy, gdy jest wykonywana. Fala, która rozprzestrzenia się w ruchu.

A co to oznacza w codziennym życiu? Że wszystko, co emitujesz – myśli, emocje, słowa – zmienia symfonię twojego pola energetycznego. Twoje zdrowie, finanse, relacje, a nawet jasność celu nie zależą od wypychania rzeczy na zewnątrz, ale od zmiany częstotliwości, która je podtrzymuje.

Zmiana wibracji nie jest poetycką metaforą: to najbardziej realna nauka, jaka istnieje. Fizyka kwantowa nie opisuje już elektronów jako „cegiełek" materii, ale jako prawdopodobieństwa i fale, które reagują na obserwatora. Jeśli podstawa materii wibruje, ty również wibrujesz.

Od teraz przestań zadawać sobie pytanie „co mam zrobić?" i zacznij zadawać sobie pytanie: „Co by się stało, gdybym zaczął żyć każdego dnia jako wibracja, a nie jako rzecz?".

Ponieważ nie jesteś tutaj po to, aby dobrze brzmieć w oczach świata. Jesteś tutaj, aby *rezonować z Prawdą*.

Brama 4: Ukryty wzór w geometrii człowieka

Współczesny artysta opublikował na swoim kanale film, w którym pokazał, że ludzie są doskonale zaprojektowanymi programami holograficznymi i fraktalnymi. Po raz pierwszy można to zobaczyć bardzo wyraźnie w formie graficznej, ponieważ w filmie widać, jak trzy jego rysunki o fraktalnych kształtach tworzą ludzką twarz.

Film nosi tytuł *„Out of all things one, and out of one all things"* i znajduje się na kanale YouTube **Petrosa Vrellisa**. Najpierw przedstawia trzy obrazy:

Następnie łączy środkowy obraz z lewym i pojawia się to:

 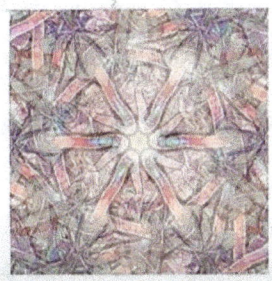

W końcu, po dodaniu trzeciego, pojawia się wyraźny obraz małej dziewczynki.

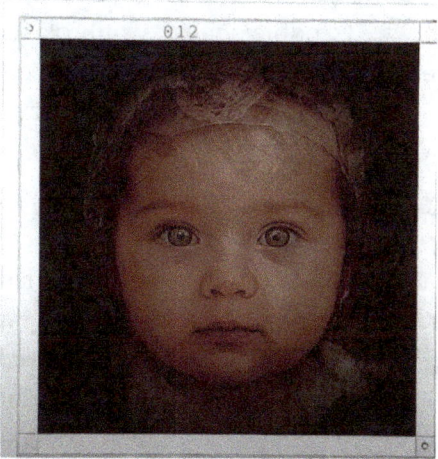

Dlaczego jest to zaskakujące?

Wyobraź sobie, że masz trzy dziwne rysunki, przypominające pajęczyny lub bezsensowne bazgroły. Oglądane osobno wydają się chaotyczne. Ale kiedy artysta nakłada je na siebie, jakby układał niewidzialną układankę... nagle pojawia się twarz dziewczynki. Jak za dotknięciem czarodziejskiej różdżki.

To tak, jakby Bóg ukrył obraz w tych kształtach, czekając, aż ktoś połączy je z cierpliwością i miłością, aby go ujawnić.

A co najbardziej zadziwiające: **my działamy tak samo**. Jesteśmy zbudowani z niewidzialnych elementów – linii, emocji, fragmentów – a kiedy się połączą, pojawia się prawdziwe „ja".

Dlatego czasami nie rozumiesz, co czujesz lub dlaczego jesteś taki, jaki jesteś. Ale jeśli nauczysz się łączyć swoje części, patrzeć na siebie z miłością, pewnego dnia zobaczysz siebie jako całość. A to... jest piękne.

Te formy nie są przypadkowe. W naturze podobne rzeczy powtarzają się w różnych skalach: galaktyki przypominające oczy, orzechy przypominające ludzki mózg, gałęzie drzew naśladujące sieci neuronowe. To odbicie między mikro a makro jest cichą wskazówką, że wszystko zostało stworzone według jednolitego wzorca, który odzwierciedla się od najmniejszych do największych elementów.

Brama 5: Kamienie mówią

Przez wieki starożytne kultury pozostawiały wiadomości wyryte w kamieniu. Nie były to zwykłe ozdoby religijne ani symbole kulturowe: była to technologia wibracyjna. Dźwięk, częstotliwość, geometria i energia Ziemi zostały zakodowane w strukturach, które są aktywne do dziś.

Pytanie nie brzmi, czy są one prawdziwe, ale czy jesteśmy gotowi, aby dostrzec je takimi, jakimi naprawdę są.

Jednym z najwyraźniejszych przykładów są kamienne kręgi znalezione w różnych częściach świata. Wiele z nich powiela **wzory cyfralne**, czyli figury, które pojawiają się, gdy częstotliwość dźwiękowa wibruje na powierzchni. Reprezentują one wibracje Ziemi w określonych punktach.

W wielu przypadkach kręgi te powstały w obszarach o wysokiej energii elektromagnetycznej, a ich konstrukcja odzwierciedla kształt magnetronów: urządzeń zdolnych do przekształcania energii *elektrycznej* w mikrofale. *Magnetron na dużą skalę mógłby wytworzyć więcej energii niż wszystkie elektrownie na świecie.*

W południowej Afryce istnieją tysiące takich kręgów. Najbardziej znanym z nich jest **Kalendarz Adama** w Mpumalanga w RPA: kamienny krąg o średnicy około 30 metrów, którego wiek szacuje się na ponad 75 000 lat. Wielu badaczy uważa, że wszystkie kamienne kręgi z regionu ą ze sobą połączone, a ich częstotliwości zbiegają się w tym centralnym punkcie.

Kalendarz Adama, Republika Południowej Afryki.

Tego typu dowody całkowicie zmieniają narrację. Nie były to „prymitywne cywilizacje", ale kultury, które lepiej niż my rozumiały prawa wibracji i energii. Wiedziały, że kamień przechowuje informacje, reaguje na dźwięk i wzmacnia energię. Nie używały go dlatego, że był jedynym dostępnym materiałem, ale dlatego, że był najskuteczniejszy.

Struktura **Borobudur** w Indonezji to nie tylko świątynia: to maszyna zbudowana z kamienia. Jej symetria reaguje na ruch Słońca i wibracje ziemi. Jest wyrównana, aby spełniać określoną funkcję.

BOROBUDUR, INDONEZJA

Stonehenge, choć obecnie jest częściowo odbudowane, zachowuje projekt oparty na rezonansie i symetrii. Nie zostało wzniesione wyłącznie w celu obserwacji gwiazd, ale także w celu interakcji z niewidzialnymi częstotliwościami.

Stonehenge, Anglia

Jeśli porównasz zdjęcia lotnicze starożytnych świątyń z nowoczesnymi płytkami drukowanymi, zobaczysz, że wzór się powtarza. Nie były to miejsca kultu w tradycyjnym sensie: były **to systemy energetyczne**, wielkoskalowe płytki częstotliwościowe zaprojektowane do odbioru, wzmacniania i dystrybucji energii. Tak jak każda technologia... ale z wiedzą, którą dopiero teraz zaczynamy intuicyjnie rozumieć.

To samo dotyczy piramid. Podobnie jest w przypadku **Sacsayhuamán** w Peru, którego struktura widziana z lotu ptaka nie przypomina fortecy, ale obwód drukowany.

Sacsayhuamán, Peru

Co to wszystko ma wspólnego z Twoim codziennym życiem?

Wszystko.

Jeśli te struktury były technologią wibracyjną, oznacza to, że Ziemia cały czas emituje kody. Przesłanie jest jasne: jeśli kamień może przechowywać informacje i rezonować z dźwiękiem, to samo dotyczy twojego ciała.

Jesteś anteną. Każde wypowiedziane słowo, każda odczuwana emocja, każda myśl, którą podtrzymujesz, kształtuje twoje pole energetyczne w taki sam sposób, jak te konstrukcje kształtowały pole planety.

Oznacza to, że twój dom może być świątynią. Że twoje ciało może funkcjonować jak aktywna piramida. Że twoja codzienna rutyna, jeśli jest odpowiednio dostosowana, staje się narzędziem manifestacji.

I nie jest to symboliczne: jest to dosłowne.

Twoje ciało również ma pole elektromagnetyczne, mierzalne i rzeczywiste, które rozszerza się lub kurczy w zależności od twojego stanu emocjonalnego. Strach je kurczy. Miłość je rozszerza. **Pole serca może być nawet pięć tysięcy razy silniejsze niż pole mózgu.** I nie tylko wibruje: moduluje rzeczywistość wokół ciebie.

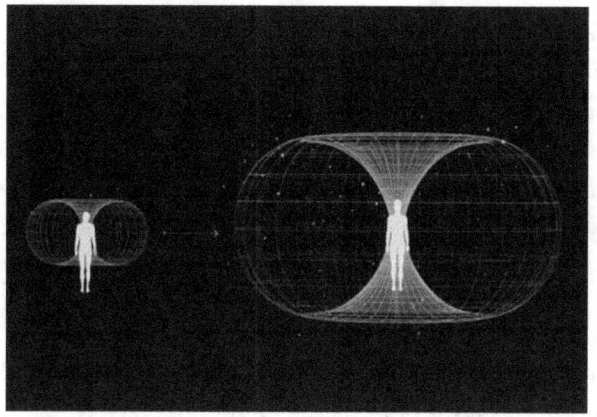

Po lewej: strach powoduje kurczenie się.
Po prawej: miłość powoduje rozszerzanie się.

Ta sama zasada, którą stosowały starożytne cywilizacje za pomocą kamienia i dźwięku, działa w tobie. Różnica polega na tym, że teraz o tym wiesz. A kiedy jest świadomość, jest moc.

Więc prawdziwe pytanie nie brzmi: *„dlaczego okłamano nas na temat starożytnych struktur?"*, ale:

— Czy jestem gotowy zaprojektować swoje życie jako system energetyczny zharmonizowany ze Źródłem?

— Czy jestem gotowy uporządkować swój umysł, emocje i działania tak, jak zrobiłby to święty budowniczy?

— Czy żyję jako kanał... czy jako przeszkoda?

Bo ostatecznie prawda nie jest przekazywana słowami.

Przekazuje się ją poprzez wibracje.

Brama 6: Prawdziwa technologia wibracyjna

Widzieliśmy już, że Ziemia wibruje. Że dźwięk nadaje kształt. Że kamienie mogą przechowywać informacje. Chcę jednak podkreślić, że najpotężniejsze nie jest to, że wszechświat ma wibrację... ale to, że ty również ją masz. Ponieważ nie jesteś tylko częścią stworzenia: ty również tworzysz. Wszyscy to robimy, niezależnie od tego, czy jesteśmy tego świadomi, czy nie. Dzieje się to poprzez myśli, ponieważ każda rzecz, która przechodzi przez twój umysł, ma swoją częstotliwość.

Nie jesteśmy tylko antenami odbierającymi informacje; również je utrzymujemy i rozprzestrzeniamy. Oznacza to, że nie jesteś tu tylko po to, aby przetrwać: jesteś tu, aby się dostroić. Aby wybrać, z jakim polem chcesz się połączyć.

W ciągu historii niektórzy ludzie osiągnęli coś, co wydaje się niemożliwe: żyli w nieprzerwanym połączeniu ze Źródłem. Nie dlatego, że byli wyjątkowi, ani dlatego, że wierzyli w coś zewnętrznego, ale dlatego, że pamiętali, kim są i działali z tego miejsca, bez rozpraszania uwagi.

Jednym z nich był Jezus. Ale zapomnij o obrazie, który ci sprzedano. Jezus nie przyszedł, aby go czcić. Przyszedł, abyśmy pamiętali o nim w sobie. Kiedy powiedział: *„Ja jestem drogą, prawdą i życiem. Nikt nie przychodzi do Ojca inaczej jak tylko przeze mnie"*, nie mówił o sobie jako osobie. Mówił o stanie, w którym żył: całkowitej jedności, świadomej Miłości, Obecności bez oddzielenia.

I nie był jedynym rewolucjonistą. Kryszna wyraził to inaczej: *„Kiedy człowiek postrzega każdą istotę jako siebie samego, wtedy* *nie ma już strachu"*. Budda był równie jasny: *„Nie ma drogi do pokoju... pokój jest drogą".*

W Meksyku Pachita, channelując Cuauhtémoca, leczyła ciała za pomocą zardzewiałego noża i pewności: to nie ona leczyła, to Miłość działała poprzez nią.

Różne twarze. Różne imiona. Ta sama częstotliwość...

> *„Droga nie jest wiarą. Jest spójnością. Prawda nie jest ideą. Jest wibracją. Życie to nie tylko bycie żywym. To pamięć, że wszystko jest połączone tym samym Światłem".*

Wcielenie Chrystusa, Kriszny, Buddy lub ducha przodka nie polega na powtarzaniu ich imion: polega na życiu w tym stanie. Tak, słowo ma moc. Wymawiając te imiona, przenosisz ich energię do teraźniejszości. Ale prawdziwy wpływ nie leży w samym słowie, ale w tym, kto je wypowiada, z jaką intencją i z jakiego poziomu świadomości.

Kiedy wybierasz ten stan, nie musisz już „dotrzeć" do Ojca. Ponieważ nigdy nie odszedłeś. Miłość nie jest drogą do Boga: jest uznaniem, że nigdy nie było rozdzielenia.

Teraz zagłębmy się nieco bardziej, aby połączyć te punkty. Według dr Davida R. Hawkinsa wszystko we wszechświecie wibruje w mierzalnej skali. To, co czujemy, myślimy, mówimy i utrzymujemy, tworzy pole. Jezus, jako świadomość, osiągnął wynik powyżej 1000, maksymalny na skali ludzkiej świadomości. Nie jako postać religijna, ale jako czysty stan jedności z Byciem.

Dlatego myślenie o nim, mówienie o nim lub wzywanie jego imienia z miłością – a nie ze strachem – natychmiast podnosi jego częstotliwość.

Zwroty takie jak „*Przez Jego rany jestem uzdrowiony*", „*Wszystko mogę w Chrystusie, który mnie wzmacnia*" lub „*W imię Jezusa nakazuję ci...*" nie są pustymi modlitwami. Są to *polecenia wibracyjne*. Klucze. Nie dlatego, że Jezus jest amuletem, ale dlatego, że pole, które aktywuje się, gdy wibrujesz z tą pewnością, dosłownie przekształca twoją energię.

A dlaczego nie dzieje się tak samo z Kriszną lub Buddą? Nie dlatego, że mają mniejszą moc – oni również osiągnęli około 1000 punktów w skali świadomości, co jest bardzo wysokim poziomem oddania – ale dlatego, że ich pole kulturowe nie jest tak obecne w zbiorowej nieświadomości Zachodu. Jeśli dorastałeś, oglądając obrazy Jezusa uzdrawiającego, przebaczającego, wskrzeszającego, twoje ciało, umysł i pole emocjonalne są już zaprogramowane, aby dostroić się do tej wibracji. To samo dzieje się w Indiach z Kriszną lub w Azji z Buddą. To, co aktywuje cud, to nie samo imię, ale harmonia między twoją intencją a częstotliwością, z jaką je wymawiasz.

Na przykład w Japonii mantra **„Namu Myōhō Renge Kyō"** (którą można rozumieć jako „poświęcam się i dostosowuję do mistycznego Prawa Sutry Lotosu") buddyzmu Nichiren nie jest tylko mechaniczną powtórką: jest to wibracja, która dostosowuje praktykującego do Uniwersalnego Prawa Dharmy, do twórczej energii, która podtrzymuje całą egzystencję.

W Chinach praktyka **qigong** i taoistyczne śpiewy działają w ten sam sposób: dźwięk nie jest ozdobą, jest energią skondensowaną w wibracji, która odblokowuje przepływ qi i harmonizuje go z Tao, źródłem kosmicznego porządku.

Zasada jest zawsze ta sama: nie ma znaczenia język, tradycja czy symbol. To, co otwiera drzwi, to nie s ne słowo, ale świadoma wibracja, z jaką jest wymawiane.

Dlatego Hawkins mówił, że nie jest ważne, do kogo się modlimy, ale *z jakiego poziomu świadomości to robimy*. Kto modli się ze strachu, obniża swoją częstotliwość, nawet jeśli używa „właściwego imienia". Kto wibruje z Miłości, przekształca swoje pole, nawet nie wypowiadając słowa.

Nie jest to religia. Nie jest to też przesąd. Jest **to prawdziwa technologia wibracyjna**, dostępna dla każdego, kto zdecyduje się używać swojego słowa zgodnie z prawdą.

Nie musisz modlić się do nikogo, aby połączyć się z Bogiem. Ale jeśli imię Jezusa, Kriszny, Marii, mantra, krzyż lub słowo podnosi cię... użyj ich. Nie dlatego, że są magiczne, ale dlatego, że wybierasz świadome wibrowanie. A świadomość, gdy jest autentyczna, przemienia absolutnie wszystko.

Ostatnie drzwi: pięć twarzy Boga

Nie tylko wibrujesz. Jesteś zbudowany z wibracji. Każda część twojego ciała jest konkretnym wyrazem energii, która podtrzymuje wszechświat. Nie jest to symbol: jest to żywa struktura, która odzwierciedla tę samą inteligencję, która tworzy galaktyki. A struktura ta składa się z pięciu podstawowych zasad: **elementów**.

Eter to przestrzeń, która zawiera wszystko. Nie widać go, nie można go dotknąć, ale jest wszędzie. To on pozwala wibracji się manifestować. Jest niewidzialnym polem, na którym dokonuje się stworzenie. Kiedy czujesz coś prawdziwego, nie potrafiąc tego wyjaśnić, jesteś połączony z eterem.

Powietrze jest pierwszym aktem życia. Oddychasz bez zastanowienia, ale każdy oddech jest wejściem i wyjściem obecności. Bez powietrza nie ma świadomości w materii.

Woda jest jego głównym składnikiem. Twoje ciało, emocje i pamięć są zbudowane z wody. A woda reaguje na wibracje, które utrzymujesz. Każda myśl, każde słowo, każda emocja kształtuje jakość tej wody. Dlatego to, co myślisz i czujesz, nie ginie: zostaje zapisane.

Ogień jest energią, która cię napędza. Jest to chęć przemiany, pasja, determinacja, dążenie do prawdy. Nie znajduje się na zewnątrz: jest w twoim sercu, w twoim polu elektrycznym, w głębokim pragnieniu życia z celem.

Ziemia to twoje ciało. Nie jako coś oddzielonego od duszy, ale jako jej manifestacja. Twoje kości są strukturą. Twoja skóra jest granicą. Twoje trawienie, inteligencja. Ziemia jest ołtarzem, na którym wszystko inne nabiera kształtu. A zamieszkując swoje ciało świadomie, uświęcasz codzienność.

Te pięć elementów nie jest luźnymi pojęciami duchowymi. Są one konkretnym sposobem, w jaki Bóg działa w tobie. Nie są one gdzieś tam na zewnątrz. **To jesteś ty**. Dźwięk, oddech, emocje, energia, ciało: wszystko to stanowi część tej samej ucieleśnionej świadomości.

Jeśli kiedykolwiek zastanawiałeś się, jak wygląda Bóg... spójrz na siebie.

Nie swoim ego, ale swoją obecnością. Ponieważ **Bóg się nie ukrywa**. Powtarza się.

Teraz, gdy wiesz, że jesteś zbudowany z tych samych elementów, które podtrzymują życie, obserwuj to. Nie intelektem, ale jasnością.

> *„Jak na górze, tak na dole. Jak wewnątrz, tak na zewnątrz"* — *Hermes Trismegistos*

Który obraz jest orzechem, a który mózgiem?

 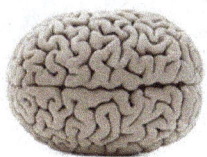

Odcisk palca i pień drzewa są do siebie nieco podobne...

Z góry rzeka rysuje nasze żyły...

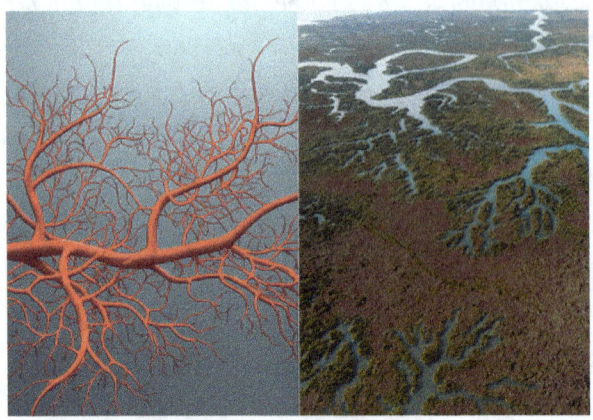

Czy widzisz galaktykę, czy ludzkie oko?

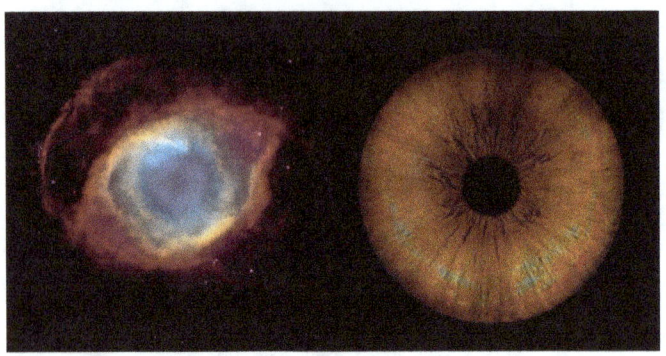

Mgławica Helix i ludzkie oko

Narodziny komórki przypominają narodziny kolosalnej gwiazdy.

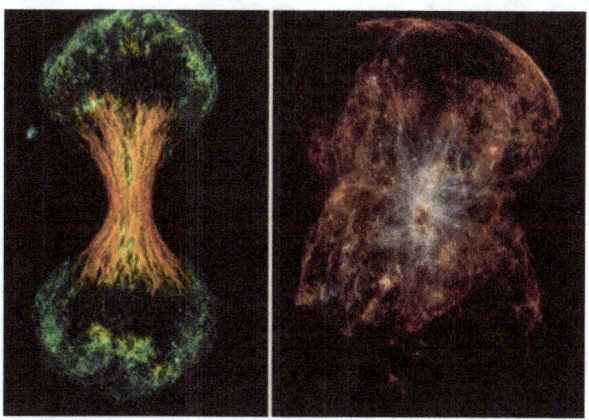

Komórki mózgowe wyglądają identycznie jak powiększony obraz wszechświata.

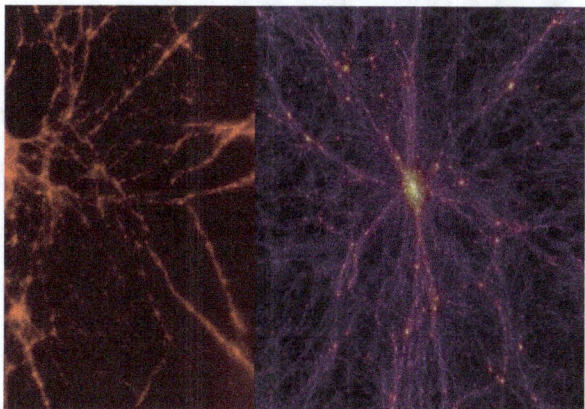

Płuca czy gałąź drzewa? Jedno i drugie.

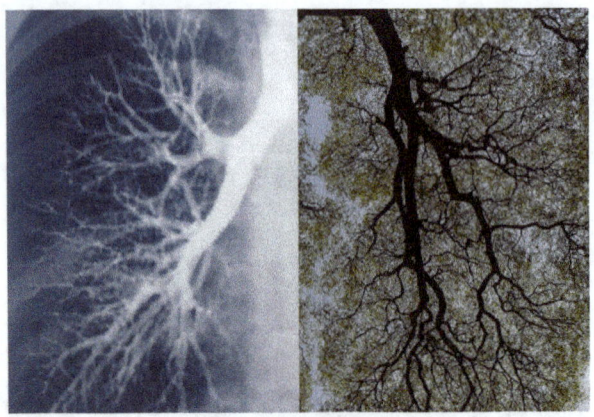

Nasz układ nerwowy ma taki sam wzór jak błyskawica.

To jest prawdziwe szaleństwo: zrozumienie, że **jesteśmy wszystkim, co istnieje**. To objawienie nie wymaga wyjaśnienia, wystarczy się zachwycić, zamknąć oczy i przypomnieć sobie Pochodzenie. To samo Pochodzenie liścia, błyskawicy, drzewa, gwiazd, które widzisz na niebie i każdej osoby zamieszkującej Ziemię.

POZNAJ JEDYNĄ PRAWDĘ

„Bóg zaprojektował wszystko według tej samej geometrii... dlatego też zaprojektował ciebie według tego samego wzorca".

Spójrz na to:

Wyjaśnię ci to.

W lewej kolumnie: **Kwiat Życia**. To, co tu widzisz, to ewolucja Kwiatu Życia. Ten starożytny symbol występuje w różnych kulturach na przestrzeni dziejów, reprezentując wzajemne powiązania życia i stworzenia wszechświata. Znajduje się on w takich miejscach jak świątynia Ozyrysa w Abydos w Egipcie, a także pojawia się w sztuce celtyckiej, chińskiej, rzymskiej i średniowiecznych rękopisach.

Ta kolumna pokazuje, jak energia układa się w uniwersalne wzory. Wszystko zaczyna się od jedności... i stamtąd życie mnoży się zgodnie z doskonałą matematyką.

W środkowej kolumnie: **Odbicie wszechświata**.

Każda galaktyka, mgławica lub eksplozja gwiazdowa powiela te same formy. Nie ma znaczenia skala: to, co widzimy tam, jest tym samym, co wibruje na niewidzialnej płaszczyźnie. Jest to wizualny dowód na to, że cały wszechświat odpowiada pewnemu projektowi.

W prawej kolumnie: **Ty, od samego początku**.

Komórka ludzka od pierwszej chwili podąża tym samym wzorem. To, co robi gwiazda, rozszerzając się, robi również twoje ciało, zaczynając istnieć.

Jesteśmy stworzeni z tej samej geometrii, która tworzy światy. Nie przez przypadek, ale dlatego, że *jesteśmy częścią tej samej Całości*.

> „Nie jesteś oddzielony od Całości. Jesteś funkcjonalną i świadomą repliką tego samego Źródła, które wszystko tworzy".

Kto więc stoi za wszystkim, co wibrujesz, czujesz i pamiętasz? Kto zaprojektował rzeczywistość, w której słowo, symbol lub myśl mogą kształtować materię?

To naturalne, że pojawia się to pytanie. Ale uwaga.

Bo właśnie w tym miejscu natrafiamy na największą iluzję ze wszystkich: przekonanie, że Bóg jest kimś, kogo trzeba osiągnąć, zdefiniować lub znaleźć.

A kiedy zaczynamy to jasno dostrzegać, pojawia się jedno z najpotężniejszych pytań, jakie zadaliśmy sobie jako gatunek:

KIM JEST BÓG I GDZIE JEST?

„Bóg nie jest miejscem, do którego się dociera. Jest kodem, który powtarza się we wszystkim, co już istnieje".

Samo pytanie „kim jest Bóg" już zakłada separację. Słowo „kim" opiera się na założeniu, że Bóg jest indywidualnym podmiotem, czymś zewnętrznym, czymś, co można wskazać i zdefiniować. Ale Bóg nie jest przedmiotem ani konkretną figurą. Bóg jest Wszystkim. Nie można Go znaleźć. Można Go rozpoznać.

Mimo to używamy symboli, aby zbliżyć się do tej prawdy, ponieważ umysł potrzebuje obrazów. Jednym z najczęściej używanych symboli jest Trójca Święta: **Ojciec, Syn i Duch Święty.**

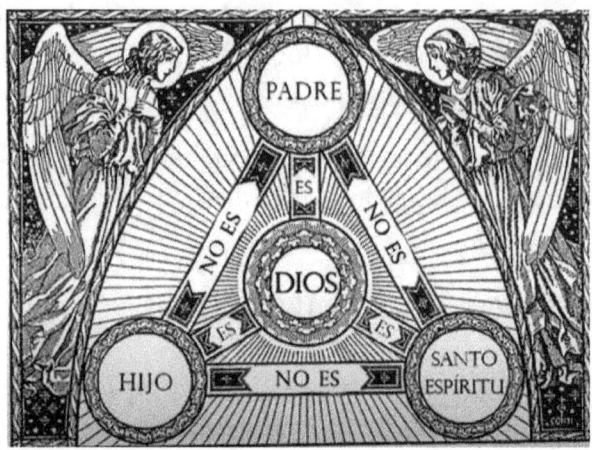

Nie traktuj tego jako dogmatu. Spójrz na to, co reprezentuje:

Ojciec jest **Wyższym Umysłem**: najwyższą częścią swojej inteligencji, która prowadzi bez narzucania się, strukturyzuje bez kontrolowania i obserwuje bez osądzania.

Syn jest **Ciałem**: fizyczną formą, poprzez którą wciela się, uczy się, nawiązuje relacje i manifestuje swoją drogę w tym wymiarze.

Duch Święty jest **Subtelnym polem**: tym, czego nie widać, ale co podtrzymuje wszystko. Jest to wibracja, która łączy cię z niewidzialnym, ze Źródłem, z wiecznością.

Nie są to oddzielne byty ani coś, co należy czcić: są to aspekty ciebie samego, odbicia tego samego centrum.

Kiedy twój umysł jest zharmonizowany z prawdą, twoje ciało żyje teraźniejszością, a twój duch jest w połączeniu, tam jest Bóg. Nie jako coś zewnętrznego, ale jako to, czym już jest.

Gdzie więc jest Bóg? W tym samym miejscu, w którym jesteś teraz. Wewnątrz i na zewnątrz. W twoim oddechu, w twoim spojrzeniu, w każdym atomie, z którego składa się twoje ciało i w każdej galaktyce, która świeci na niebie. Nie jest ukryty, wyraża się we wszystkim. A kiedy przestajesz szukać go jako miejsca, do którego należy dotrzeć, rozpoznajesz go w każdej chwili.

Prawdziwe pytanie nie brzmi „kim jest Bóg?", ale:

„Czy jesteś gotowy uznać, że nie ma rozdziału między Bogiem a tobą?".

Wszystko, co nie rezonuje z tą pewnością... nie jest prawdziwe. Jest tylko iluzją rzutowaną przez umysł, który zapomniał o swoim pochodzeniu.

ŚWIAT BOGA JEST JEDYNYM PRAWDZIWYM ŚWIATEM

„Nie wierzę, ponieważ widzę. Widzę, ponieważ w Niego wierzę".

Po zapoznaniu się z wieloma dziełami literatury duchowej zrozumiałem, że nie chodzi o wybór między jedną a drugą rzeczą. Wiara w to tylko utrwala separację. A za każdym razem, gdy się oddzielamy, zapominamy. Świat form jest iluzoryczny. Świat Boga nie jest. Bóg nie jest podzielony. Bóg jest Jeden. I w tym Jednym jest wszystko.

Ojciec, Syn i Duch Święty nie są postaciami hierarchicznymi. Są bramami do tej samej esencji. Różnymi przejawami tej samej energii działającej w tym samym czasie. Dlatego możemy je zobaczyć: ponieważ są aktywne. Ponieważ są w nas.

Życie na Ziemi jest w gruncie rzeczy grą separacji. Przybyliśmy, aby zapomnieć o Jedności, aby móc ją przypomnieć sobie poprzez doświadczenie. Nie chodzi o to, aby trzymać się tego, co zewnętrzne, ale o to, aby pamiętać, że nigdy nie byliśmy oddzieleni. Tylko takie uznanie może przynieść pokój, którego tak bardzo szukaliśmy na zewnątrz.

Jeśli chcesz poczuć Boga, nie szukaj dalej. Wejdź głęboko w siebie. Albo spójrz na ogrom wszechświata. Na obu krańcach znajdziesz to samo: dokładne odbicie tego, czym już jesteś. Wszystko zostało stworzone na Twój obraz i podobieństwo. Wystarczy tylko obserwować, dotykać, słuchać i czuć życie z obecnością. To jest ponowne spotkanie z prawdą, która zawsze była w Tobie.

Człowiek ma zdolność zadawania pytań o to, co niezrozumiałe. I często próbuje dotrzeć do Boga za pomocą ego. Ale to nigdy nie działa. Umysł, który uważa się za oddzielony, nie może się zjednoczyć, ponieważ zawsze wyobraża sobie, że musi „iść" gdzieś. A nie ma dokąd iść. Wszystko jest tutaj. Wszystko jest teraz. I samo uznanie tego faktu jest światem Boga.

JA JESTEM BOGIEM, TY JESTEŚ BOGIEM

Nie musisz szukać Boga. Ty jesteś Bogiem. Ale nie musisz nawet zaplątać się w przekonanie, że „jesteś Bogiem". Po prostu jesteś. Być może pomyślisz: „wszyscy jesteśmy". Ale nawet to „wszyscy" jest tylko ideą. Nie ma „wszystkich" . Jest tylko ty, myślący o sobie jako o części Całości.

Byłem bliski powiedzenia ci, żebyś mi nie wierzył. Ale gdybyś to zrobił, stworzyłbyś kolejną ideę. A ty już tworzysz to wszystko poprzez swoje myśli. Nikt nie może nic z tym zrobić, tylko ty.

Zagłębmy się w ten temat. Proszę, proszę mi towarzyszyć.

Być może zadajesz sobie pytanie: *„Jeśli Bóg może wszystko, to czy może stworzyć kamień tak ciężki, że nawet On sam nie będzie w stanie go podnieść?".*

Na pierwszy rzut oka wydaje się to logiczną pułapką:

—Jeśli może go stworzyć, ale nie podnieść, to nie jest wszechmocny.

—A jeśli nie może go stworzyć, to też nie jest wszechmocny.

Odpowiedziałbym: co byś zrobił, gdybyś miał taką moc?

Bo chodzi tu o ciebie. O to, co byś zrobił, co wybierasz, co decydujesz się doświadczyć. To pytanie nie poszerza umysłu, tylko go dezorientuje. Bo nie ma znaczenia, czy Bóg może, ale co ty wybierasz.

Paradoks ten nie ujawnia wadliwości Boga, ale ludzkiego sposobu rozumowania. Próbujemy mierzyć nieskończoność za pomocą skończonej miary. Udajemy, że absolut jest sprzeczny w granicach wymyślonych przez ograniczony umysł.

Jakie doświadczenie wybrałbyś, gdybyś był Bogiem? Świat bez błędów, bez chaosu, gdzie wszystko jest idealne i pod kontrolą? Czy świat wolny, gdzie istnieje możliwość zła, bólu, zapomnienia, zamieszania... ale także pamięci, przebudzenia i świadomej miłości?

Bo to właśnie mamy teraz: świat, w którym możemy wybierać. A wszystko, co widzisz, tworzysz ty sam. Nawet to, co odrzucasz.

Kiedy ktoś pyta *„dlaczego Bóg pozwala na zło?",* zapomina, że tym Bogiem... jesteś ty. To ty interpretujesz dobro i zło.

Zaprogramowano nas, abyśmy bali się śmierci i etykietowali życie. Ale czy nie trzeba umrzeć, aby się odrodzić?

Tak bardzo zanurzamy się w tym, co „musimy zrobić", że zapominamy o tym, co najważniejsze: nie wiemy nawet, jak się obudzimy jutro. A jednak się budzimy. Jak to się dzieje? Nie wiesz tego. To samo stało się w dniu, w którym się urodziłeś. Z wyjątkiem wyjątkowych wspomnień lub regresji, 99,9% ludzi nie pamięta, jak się tu znalazło.

To jest prawdziwa informacja: nie chodzi o to, że jesteśmy odłączeni; chodzi o to, że jesteśmy zbyt połączeni z zamieszaniem. Jedyną prawdą jest to, że nie wiesz i być może nigdy się nie dowiesz. I na tym polega cała gra.

Życie jest ciągłą grą i grasz w nią tak, jak chcesz. Niektórzy będą cię osądzać, inni będą czerpać inspirację, a jeszcze inni będą cię atakować. Ale co z tego? To twoje życie, twoja prawda, twoje przekonania. Najważniejszym celem nie jest oszukiwanie siebie ani opowiadanie sobie bajek o byciu ofiarą, ale przejęcie kontroli raz na zawsze.

Spójrz na to w ten sposób:

Była sobie kiedyś dusza, która obudziła się w ogromnej grze. Nie wiedziała, że to gra. Po prostu żyła, była posłuszna, powtarzała. Ale coś w niej zaczęło zadawać pytania. Niewygodne pytania. Wielkie pytania.

Z czasem ta dusza zaczęła dostrzegać wzorce. Małe sygnały w szumie. Zbiegów okoliczności, których było zbyt wiele, aby były przypadkowe. Każdy krok zbliżał ją do głębokiej intuicji: wszystko to miało swój plan. Logikę. Ukryty język.

W ten sposób zaczęła badać swoje ciało, umysł, wszechświat, całe życie. Było to tak, jakby w każdym zakątku znajdowały się wskazówki pozostawione przez kochającego Stwórcę, który niczego nie narzucał, ale pozwalał na wszystko.

I właśnie wtedy, gdy wydawało jej się, że już rozumie, jak działa ta gra, natrafiła na najtrudniejsze pytanie:

A co, jeśli aby zobaczyć Boga, muszę przestać patrzeć tylko na siebie?

Wtedy zrozumiał klucz do rozwiązania: aby zobaczyć Boga, musiał najpierw nauczyć się być człowiekiem. Ze wszystkim. Ze światłem i cieniem. Z ciałem i duchem. Z obecnością.

Tylko w ten sposób – poprzez wcielenie pełnego doświadczenia – dusza stawała się zwierciadłem Stwórcy.

I gra w końcu nabrała sensu.

OSTATECZNA PRAWDA

Podczas pisania tej książki zapisałem w swoim notatniku, że chciałbym, aby inni mogli ją przeczytać, ponieważ sprawiała mi ona czystą, niemal dziecięcą radość z odkrywania ogromu i szaleństwa świata, w którym żyjemy. Szaleństwo w najlepszym tego słowa znaczeniu... takie, które wstrząsa, przerywa działanie autopilota i zmusza do ponownego zastanowienia się nad tym, kim jesteśmy i dlaczego tu jesteśmy, więc jestem wdzięczny, że dotarłeś do tej części dzieła.

Ten świat jest fantastyczny. Nie jest idealny z punktu widzenia umysłu, ale jest idealny z punktu widzenia duszy. Mam nadzieję, że po przeczytaniu tej książki również tak to poczujesz.

W tej grze zwanej życiem nie chodzi o to, żeby wygrać, przejść dalej ani bać się przegranej, ale po prostu grać z zaangażowaniem, oddaniem... i miłością.

Jesteś postacią, tak, ale jesteś też scenarzystą, reżyserem i widzem tego filmu. Wszyscy nim jesteśmy. Tylko że czasami traktujemy to tak poważnie, że zapominamy się śmiać.

Mówi się, że prawda nas wyzwoli... ale najpierw prawdopodobnie sprawi nam dyskomfort. Zdaję sobie sprawę, że niektóre rozdziały mogą wywołać kontrowersje, pytania, a nawet gniew. Nie ma to znaczenia. Pamiętaj tylko o tym: Twoja wolność nie zależy od tego, gdzie jesteś i z kim, ale od tego, jak postanawiasz patrzeć. To okulary, które zdecydujesz się założyć, będą determinować to, jak potoczy się Twoja gra.

W świecie przyczynowo-skutkowym przejmij odpowiedzialność za przyczynę i pokochaj skutki, niezależnie od tego, jakie będą. A po dłuższej zabawie w świecie przyczyny i skutku zapraszam cię do zrobienia kolejnego kroku: spojrzenia na życie jako na tkankę idealnych synchronizacji. Bo w końcu, jak dobrze wiesz: Bóg nie gra w kości. Dlatego przeczytałeś tę książkę. Dlatego ją napisałem.

NIE JESTEŚMY ODDZIELENI

Nie jesteś oddzielony od absolutnie niczego.

Przez lata wmawiano nam coś zupełnie przeciwnego. Nauczono nas dostrzegać separację, konflikt i podziały. Myśleć, że inni są „innymi", że to, co zewnętrzne, nie ma z nami nic wspólnego. W ten sposób zapomnieliśmy o fundamentalnej prawdzie: *wszystko jest ze sobą powiązane.*

Umysł ma bezpośredni wpływ na wszystko, co istnieje. Ciało nie jest „tobą", jest twoim przedłużeniem. Ta książka, którą trzymasz w rękach, również nim jest. Słowa nie są gdzieś na zewnątrz: rodzą się w twoim umyśle. A ja, który to napisałem, istnieję tylko dlatego, że ty wierzysz, że istnieję.

Tak to działa. Łatwo byłoby to zrozumieć, gdybyśmy codziennie jedli tę prawdę na śniadanie, obiad i kolację.

Ale powiedziano nam coś innego.

Powiedziano nam, że jesteśmy skończeni, że jesteśmy oddzieleni, że jesteśmy tym ciałem, tą historią, tym życiem, które „nas spotkało".

Ale nie jesteśmy tym. Jesteśmy czymś znacznie więcej.

I nie jest to poetycka fraza. Nie jest to gra słów. To oczywiste. Wystarczy połączyć punkty. To jest fundamentalna prawda. Ta, która podtrzymuje wszystko.

Ta sama, która sprawia, że pewnego dnia budzisz się z opuchniętym łokciem i rozumiesz, że rozwiązaniem nie jest tabletka, ale dokończenie pisania książki. Ponieważ ciało przemawia. Życie odpowiada. A objaw nie jest problemem: zawsze jest wiadomością.

Nikt nie może ci powiedzieć, jak masz żyć. Mogą wydawać diagnozy, sugestie lub opinie, ale prognoza zawsze będzie zależała od ciebie.

„Życie nie jest takie, jakie jest. Życie jest takie, jacy jesteśmy".

Tworzymy na wzór tego, co mamy w głowie. Jesteśmy jednością z Bogiem, ponieważ On jest jednością z nami. Jest we wszystkim: na górze, na dole, wewnątrz, na zewnątrz. Nie ma rozdzielenia.

Język służy nam do prób zrozumienia, ale nie potrzebujemy słów, aby to wiedzieć. W głębi duszy już to wiemy.

Tylko że opowiadamy sobie bajkę. Bajkę użyteczną, być może potrzebną. Ale ta bajka już spełniła swoją rolę.

Żyjemy na początku nowej ery świadomości. W tej erze Prawda nie ukrywa się ani nie czeka: ujawnia się, gdy tylko ktoś ją rozpozna. Im dalej się posuwamy, tym więcej cieni pojawia się; im bardziej świeci, tym więcej owadów zbliża się do światła.

Ale pamiętaj: cień nie pojawia się, aby cię powstrzymać, ale aby potwierdzić, że już jest światło. Widzenie go jest znakiem, że możesz je oświetlić. A oświetlając je, przestaje być cieniem.

To ostatnie przesłanie nie jest zakończeniem. Jest to przerwa. Początkowa przerwa.

Proste zaproszenie: za każdym razem, gdy widzisz coś „na zewnątrz" – w swoim ciele, w innej osobie, w swoim domu, w swoim partnerze, w swoim zwierzęciu lub w świecie – zadaj sobie jedno pytanie:

Co zyskujesz, wierząc w to? Co zyskujesz, tworząc tę rzeczywistość?

Ponieważ twoja rzeczywistość nie jest taka sama jak rzeczywistość kogoś w Chinach. Ani jak rzeczywistość kogoś w Wenezueli. A jednak wszystko pochodzi z tego samego Źródła.

Wszystko, w co wierzysz, manifestuje się.

A to przywraca cię do centrum twojej mocy. Tej mocy, która być może była manipulowana, tłumiona lub zagubiona...

Ale której nie musisz już dłużej rezygnować.

Nie musisz już szukać Boga na zewnątrz.

Nie ma już potrzeby prowadzenia życia opartego wyłącznie na pragmatyzmie.

Nie musisz już działać w oparciu o strach.

Bóg jest w tobie.

W kwiecie.

W niebie.

W twoim ciele.

W twoich myślach.

Myślisz z Bogiem czy bez Niego? Nie ma nic więcej.

Opowieść o tym, że diabeł może kierować twoim życiem, nie jest prawdziwa. Jedyne, co może się zdarzyć, to zaniedbanie swoich myśli. Ale oddalenie się od Boga nie jest możliwe. Jeśli żyjesz, to dlatego, że Bóg istnieje.

Więc... może chodzi po prostu o wdzięczność.

Dziękuję za przeczytanie tej książki.

Dziękuję za trzymanie jej w rękach.

Dziękuję za to, że pozwoliłeś jej do siebie dotrzeć.

Dziękuję temu, kto ci ją podarował.

Dziękuję za przypomnienie sobie o sobie poprzez te słowa.

Dziękuję za stworzenie mnie.

Ja jestem tobą.

A ta książka...

była tylko echem

Twojego własnego wezwania.

Być może Bóg nie jest odpowiedzią,

ale samym pytaniem, które oddycha.

Ściskam cię w pamięci o wieczności. Niech miłość zawsze ci towarzyszy, a pokój rozjaśnia twoje dni.

DROGA NIE KOŃCZY SIĘ TUTAJ

Jeśli ta książka poruszyła coś w Tobie, nie zatrzymuj się tutaj. Każde słowo zostało zasiane z zamiarem przebudzenia, ale prawdziwa transformacja zaczyna się, gdy to ziarno rozprzestrzenia się poza kartki książki.

Stworzyłem przestrzeń o nazwie Escuela Disruptiva (Szkoła Przełomowa), gdzie towarzyszymy tym, którzy pragną przenieść to przebudzenie do swojego praktycznego życia: wyjść z systemu, uporządkować swoje istnienie i zbudować rzeczywistość z celem i wolnością. Tam dzielę się bezpośrednimi naukami i mentoringiem na żywo dla tych, którzy są gotowi zrobić kolejny krok.

A jeśli czujesz powołanie nie tylko do przemiany swojego życia, ale także do dzielenia się tą Prawdą z innymi, istnieje możliwość zostania Siewcą Świadomości. Oznacza to, że będziesz mógł polecać tę wiadomość światu, a robiąc to, również otrzymać dobrobyt. Ponieważ kiedy siejesz ekspansję, życie zwraca ci to zwielokrotnione.

Droga trwa. Wybór należy teraz do Ciebie.

Dowiedz się więcej o tym, jak możesz stać się częścią Szkoły lub Siewcami, skanując poniższy kod QR:

WIĘCEJ KSIĄŻEK AUTORA

Każda z napisanych przeze mnie książek to nie tylko książka: to portal do nowej warstwy twojej prawdy. Oto ich tytuły, abyś mógł je znaleźć i sprawdzić, która z nich rezonuje z tobą w tej chwili. Aby zobaczyć inne tytuły, wejdź na stronę disruptive-academy.com

Poznaj jedyną zasadę

Kiedy wszystko na zewnątrz się wali, pozostaje tylko spojrzeć do wewnątrz. Ta książka nie obiecuje gotowych recept: konfrontuje cię z sednem sprawy. „Poznaj jedyną zasadę" to przewodnik, który pomoże ci przypomnieć sobie, kim jesteś, kiedy nie ma już masek, które można nosić.

Spokój

Jedyny sposób, aby skontaktować się ze swoją duszą. Prosta, ale głęboka praca, pozwalająca ponownie połączyć się z tym, co najważniejsze: wewnętrzną ciszą i absolutnym spokojem stworzenia.

Prawdziwy sens życia

Podróż ku głębokiemu zrozumieniu, dlaczego tu jesteś, co masz do przekazania i jak przypomnieć sobie swoją misję.

Siła 60·90·60

Ciało nie jest wrogiem, którego należy korygować, ale świątynią, o której należy pamiętać. Ta książka ujawnia formułę łączącą dyscyplinę, obecność i cel, aby rozbudzić swoją fizyczną, umysłową i duchową moc.

Ewangelia bogatych

Książka, która przeprogramowuje niedobór, ujawnia kulisy systemu finansowego i aktywuje w tobie częstotliwość, która przyciąga pieniądze – nie poprzez wysiłek, ale poprzez prawdę.

Satseupser

Pytania, które zawsze sobie zadawałeś, w końcu znajdują odpowiedź. Książka dla tych, którzy poszukują głębszych odpowiedzi: czym jest nicość? Kim jesteśmy? Czy czas jest rzeczywisty? Czy Księżyc jest naturalnym satelitą? Skąd pochodzimy?

MATERIAŁY UZUPEŁNIAJĄCE DO TWOJEGO ROZWOJU

Aby pogłębić tę pracę i kontynuować jej rozwój, przygotowaliśmy ekskluzywną przestrzeń cyfrową z materiałami uzupełniającymi. Znajdziesz tam żywe zasoby: od powiązanych książek i praktycznych narzędzi, po treści audiowizualne, szkolenia i przewodniki, które poszerzają wiedzę zdobytą na tych stronach.

1. Zeskanuj kod QR.
2. Załóż bezpłatne konto w Disruptive Academy.
3. Po zalogowaniu się użyj **kodu 222** i odkryj materiały dostępne dla Ciebie.

(Dostęp jest osobisty i może być aktualizowany o nowe treści w miarę rozwoju każdego dzieła).

www.ingramcontent.com/pod-product-compliance
Lightning Source LLC
Chambersburg PA
CBHW070602300426
44113CB00010B/1359